人生沒什麼不可放下

弘一大師的人生智慧

宋默 整理・弘一大師 原典

前言

一念花開，一念花落。
一念放下，萬般自在。

說起弘一大師，很多人馬上就會想到另一個名字——李叔同。他出身富商之家，年輕時錦衣玉食；他愛好廣泛，在音樂、戲劇、美術、詩詞、篆刻、金石、書法、教育、哲學等領域，均有不凡造詣。「長亭外，古道邊，芳草碧連天」，一首《送別》更是感動著許多人。然而，就是這樣一位絕世才子，中年時卻突然棄絕紅塵、遁入空門，過起了一領衲衣、一根藜杖的苦行僧生活，甘淡泊、守枯寂。從法師出家到圓寂的二十四年中，潛心修行，精研律學，弘揚佛法，普渡眾生，使失傳多年的佛教南山律宗再度復興。他被佛門弟子奉為律宗第十一代世祖，為世人留下了無盡的精神財富。

弘一大師為什麼出家，是厭倦了塵世，還是參破了人生？很多人不解。法師生前有一句話，「以出世的精神，做入世的事情」，可以作為他出家的一個最好注解。而說到出家的因緣，大師自己曾這樣說：

「有很多人猜測我出家的原因，而且爭議頗多。我並不想去昭告天下我為何出家，因為每個人做事，有每個人的原則、興趣、方式、方法和對事物的理解，這些本就不會相同，就是說了他人也不會理解，所以乾脆不說，慢慢他人就會淡忘的。至於我當時的心境，我想更多的是為了追求一種更高、更理想的方式，以教化自己和世人！」

弘一大師的前半生，過得轟轟烈烈，一切自己所愛的事情，都一件件做來；一切自己應該承受的苦痛，亦一件件承受。他從小失去父親，長大後失去母親。在日本，遇到了心儀女子，他大膽追求；身為人師，他亦做到最好，甚至甘為學生的學費而放棄修行，努力工作賺錢來幫助他完成學業。有人會不解，大師為什麼要放下這一切出家修行，只有大師知道，如果不放下，他就沒有辦法實現教化自己和世人的理想。就好比我們手裡拿了太多的東西，如果不懂得放下，就會越來越重，而如果遇到更喜歡的東西，卻發現已經騰不出手來去接納它們。這時候，唯有放下手中的東西，才能夠得到新的東西。如果一個人既想達到修行的最高境界，又捨不得放下家庭和塵世的一切，就不過是一句空話而已。

出家之後，大師放下塵世的一切，甘願過著常人難以想像的清苦生活，身體力行地參悟人生。我們常說，不是我想有這麼多的煩惱，只是人生有太多的牽掛和無奈。不同的只是，放下的人，收穫了一份輕鬆和快樂，而放不下的人，只能一輩子揹著包袱過日子，不得快樂。那麼，就讓大師來教我們如何放下吧！

其實，人生沒有什麼不可以放下的，小到鄰里之間的糾紛，大到生死，你放下也好，不放下也好，其結局並沒有什麼改變。

目錄

Part 1

放下欲念：修一顆清淨心

Part 2

惜食，惜衣，非為惜財緣惜福

Part 3

心平氣和，才能內心強大

Part 4

放下放下，越放下，才能越快樂

Part 5

修好這顆心，人生更從容

Part 6

看淡紅塵紛擾，內心自在安閒

Part 7

放下執念，才能等到幸福來敲門

Part 8

與人為善，心靈才會真正安寧

Part 9
華枝春滿，天心月圓

Part 1
放下欲念：修一顆清淨心

其實，擾亂我們的不是紛擾的世事，而是不靜的心。當我們能把一切外在事物剝離的時候，不管處在什麼樣的環境中，都能真正享受閒適的生活。

01 恬淡是養心的第一法

恬淡是養心第一法。

——弘一大師《格言別錄》

恬淡，是一種發自內心的恬靜淡泊。古人認為：「恬靜養神，弗役於物。」意思就是說，恬靜可以養神，使人不拘於外物。恬靜講的就是一種「退」的處世態度，萬事不縈於懷，保持這種心境的人，在養心方面必然可以做得很好。

現代越來越多的人在追求「養生」，養生包括養心、養性和養身。但很多人只熱衷於養身之法，認為只要身體養好了、健康了，就能更長久地享受生活。所以，很多人能堅持每天鍛鍊身體，吃健康的食物，但很少有人能夠堅持每天養心。

有一個朋友的媽媽非常注重養生，每次見到她，她都會不厭其煩地向別人宣講養生的道理，告訴別人每天要吃什麼東西，吃多少、怎樣吃，每天要運動多長時間。她一次又一次地申明：「只有這樣，才能不生病！」可是，我每次聽到這些卻很奇怪，一個人每天從早到晚都為如何給自己準備健康的食物而忙個不停，害怕自己一頓飯吃得不好就會生病。一邊養生卻一邊為身體而焦慮，唯恐自己生病，唯恐自己不夠長壽。每天都這樣擔心，怎麼能開心？

如果我們不從養心和養性開始養生，心中有諸多煩惱，有萬般欲念，就算身體再健康，不過是一具軀殼罷了。我們所能體驗到的幸福，也無非是吃穿玩樂這些享受，人生本身並沒有得到真正的昇華。

弘一大師認為恬淡是「養心第一法」。他所講的「恬淡」，歸根到底就是要人靜心。世間的事紛紛擾擾，容易擾亂人的心境。所以，很多人認為自己心不靜，是因為有太多事情在干擾。其實，擾亂我們的不是紛擾的世事，而是不靜的心。當我們能把一切外在事物剝離的時候，不管處在什麼樣的環境中，都能真正享受閒適的生活。

有一次，法師到寧波，住在七塔寺，夏丏尊居士前去探望他。七塔寺雲水堂裡住了不少的雲遊僧人，住的地方很簡陋，床鋪分上下兩層，他住在下層。

他對夏居士說：「到寧波已經三天了，前兩天住在一個小旅館裡。」

夏居士問：「那家旅館好不好？」

「很好！臭蟲也不多，只有兩三隻。主人待我很客氣呢！」

夏居士邀他前往上虞白馬湖小住幾日。法師的行李太簡陋了，鋪蓋是用破舊的草席包的。到了白馬湖，法師打開鋪蓋，把破草席鋪在床上，攤開了被子，用衣服當枕頭，然後拿出一條又黑又破的毛巾走到湖邊洗臉。

夏居士說：「這毛巾太破了，幫你換一條新的好嗎？」

「哪裡！還能用的，和新的也差不多。」說著，他把那條毛巾打開給夏居士看。

「臭蟲不多，主人待我很客氣。」法師就覺得很開心，這就是恬淡的表現。

如果換作我們，哪怕只有一隻臭蟲，也會大叫起來，立即找老闆投訴臭蟲影響了自己的心情。店主人若有一語為自己辯護，馬上便會認為，店主真是太黑心了！第二天，還要打電話給自己的親朋好友，說自己旅途中的經歷，說這地方的人如何如何不好！真是越說越鬱悶，越說越憤怒。其實，說到底也不過就是一隻臭蟲罷了，卻能令你生氣好幾天。想一想，是不是有些吃虧的感覺？

如果我們不從養心和養性開始養生，心中有諸多煩惱，有萬般欲念，就算身體再健康，不過是一具軀殼罷了。

在這個現實的社會中，何止一隻臭蟲，有很多事情會使得我們「動」。當我們看到社會的種種弊端時，往往會義憤填膺。

當一個人每天賺十元，僅僅能吃飽飯的時候他很輕鬆，但是幻想著每天賺一百元的生活；當他終於過上了每天賺一百元的生活，比原來累了一些，卻不太滿足了，因為有人過著每天賺一千元的生活；他工作更加努力，終於過上了每天能賺一千元的生活，他開始買車子、房子，過上了曾經嚮往的好生活，但他又開始嚮往一天賺一萬元的生活……我們往往進入這樣一個怪圈。我們總以為得到了某些嚮往已久的東西，心就會安定了、滿足了，從此就可以幸福了。可是，得到之後，卻覺得不過如此，更大的欲望立刻接踵而來，目標不斷提高，我們也越來越累了。因此往往一個人有了別墅、汽車之後，他更不幸福了，因為他害怕有一天會失去這樣的生活，於是只能更加拼命地工作。逼迫自己每天要賺一百萬，賺八十萬就唉聲歎氣，每天生活在害怕失去名利的恐懼中，背負著巨大的壓力生活，怎麼能不生病？當然，不是說人不能過這樣的日子，因為名利於凡人來說本來就是人生最大的追求，而是說，如果這樣的日子令我們感到壓力倍增、煩惱不斷，毫無幸福感可言時，完全可以考慮換一種思路。不一定非得拋棄別墅、汽車這些東西，只要放下固守這些東西的執著心，就算每天賺一百萬也不覺得得意，每天賺十元也不覺得失意，該吃飯吃飯，該睡覺睡覺，不要逼迫自己，就能立刻感覺到幸福感的提升。

內心恬淡的人，即使穿的是布衣，吃的是粗茶淡飯，也仍能悠然自得，沒有一絲不適和不快的感覺。即使面對煩惱和生死，也能安然對待，心中不生一絲痛苦的波瀾，這樣的人生，並不需要吃穿玩樂這樣的感官享受進行配合，一樣會感到寧靜和幸福。

02 無它求，無奢望，所以生命強大

寡欲故靜，有主則虛。——弘一大師《格言別錄》

「寡欲」就是少欲，和佛家所講的「清心」是一個意思，但程度有所不同，「清心」有種超凡脫俗的意味，世俗人難以做到，「寡欲」卻是可以做到的。人心不靜，往往是因為欲望太多。

人有欲望是正常的，人生如果沒有一個追求的目標，也會索然無味。對正常的欲望，每個人都可以用正常的途徑去追求，從而提升我們的生活品質。但不滿足是人的一種本性，我們是永遠不會覺得自己的欲望多的。弘一大師所處的時代，大多數人都是粗茶淡飯，能吃飽就是富有了，如果這時候還幻想天天吃肉，那就是奢望了；有衣服穿，凍不著就是福氣了，如果還能穿著不打補丁的衣服，就是富有了。如果還天天奢望穿綾羅綢緞，就超出了人的正常欲望，如果此時不加以克制，就會陷入欲望得不到滿足的痛苦之中，如果他為了錢做了不好的事情，就會使人生走向罪惡的深淵了。

如今，我們希望自己每天有肉吃，每天有漂亮衣服穿也不算是奢侈的事。「寡欲」不能再以過去的標準來定。那麼，對現代人來說，欲望到底要控制在什麼程度上，才算合適呢？

其實，只要是透過正常的勞動便能夠滿足的欲望，都算正常。更重要的是，看一個人內心的欲望是多是少，可以看他在不能滿足欲望時，是否仍能安之若素，不會因此而感到不方便、抱怨和痛苦。比如兩個人到一個貧困山區旅行，平時這兩個人的生活條件差不多，到了山區以後，甲在山區物質極度缺乏、自然條件非常惡劣的情況下，仍然能夠很愉快地生活，吃著別人吃不下的食物；而乙則感到非常痛苦，每天抱怨不已，好像生活在地獄中。這兩個人在平日的生活裡雖然消費差不多，但是乙顯然過得很不快活，因為他的欲望太多。

法師說：「寡欲故靜」，寡欲者大都淡泊名利，注重內心的修養而不為外物所累，因而能夠在紅塵中做到「靜」。

欲望是人類一切活動的根源，當人有欲望的時候，就會為了滿足欲望而「動」，如果我們能夠做到「清心寡欲」，自然不會有任何動作。現實中的我們忙忙碌碌就是因為欲望太多，當我們滿足了一個欲望之後，另一個新的欲望又會產生，永遠不會有終結的時候。因此，我們始終不得空閒，難以騰出時間修養身心。

儒家認為修養身心主「靜」，所謂「靜以養德」，一個人必須要心如止水，沒有雜念，才能做好修養身心的工作。弘一大師給了我們一個「靜」的方法，那就是減少欲望。當我們沒有欲望的時候，世間的權勢、金錢、名利都不能動搖我們的內心，心緒就會安定，這對於修養身心是非常有好處的。

寡欲者大都淡泊名利，注重內心的修養而不為外物所累，因而能夠在紅塵中做到「靜」。

孫思邈曾經指出，長壽對大多數人而言有「五難」：名利難去，喜怒難去，聲色難去，滋味難去，神慮難散。「寡欲故靜」，靜則能排除「五難」，人自然能長壽。弘一大師則進一步提出了「有主則虛」，「有主」就是有目的。當我們做到「靜」的時候，則需要用另外一種東西來填充我們的內心，否則，心無一物，必如無根之萍，隨波遊蕩。

有一位老書法家談及自己當初練習書法的緣由時說：「人長著手，就總想拿點東西。比如，看見女人的腰，就想摟一把；看見錢，也想抓一把；看見官印，更想據為己有。可是我知道這些東西會讓我做出不理智的事情來，為了轉移自己的欲念，有一天，我就想，就讓手抓住這支筆吧，每天都把心思放在練字上，手裡也不閒著，那些欲望也就都消失了。」

用健康的愛好代替酒足飯飽之後的各種欲望，確實是一個很好的方法。一些老年人退休之後，驟然閒了下來，反而很難適應，這時候，一些人開始學習書法、繪畫、唱歌等，人活得充實，精神變得飽滿，心頭的煩惱也一掃而光了。

人心不靜，往往是因為欲望太多。

03 捨棄浮躁，人生才能淡定如水

處事大忌急躁，急躁則先自處不暇，何暇治事？

這是弘一大師在一次演講中談到關於戒除浮躁的話。大師認為，一個人在改正缺點和不良習慣時，很容易浮躁，將缺點一條條地列出來，恨不得一下子就全部改正，這樣反而可能適得其反。還不如慢慢來，一次改掉一個壞習慣，這樣，效果反而更好些。

做事急於求成，恨不能一口吃成個胖子，如果短期內見不到事情的效果，就會半途而廢，不了了之，這就是浮躁的表現。

心浮氣躁是許多年輕人的通病。具體表現為：做事情三心二意，淺嘗輒止；東一榔頭西一棒槌，妄想魚和熊掌兼得；耐不得寂寞，稍有不順就輕易放棄；急功近利，遇到一點兒挫折，就會焦躁不安，怨天尤人……這些浮躁的毛病，或輕或重地存在於每一個人身上。人一浮躁，就會終日處在煩躁忙碌的狀態中，長期下去，就容易變得脾氣暴躁、神經緊張。浮躁還會使我們缺乏幸福感、缺少快樂，太過於計較得失。如果不能夠有效地克服它們，會影響到我們生活的品質和工作的成就。

世上有很多聰明但浮躁的人，浮躁的人在短時間內或許可以取得一點成績，但是，卻很難成就大業。

《了凡四訓》裡面有一個故事：

一個秀才認為自己的文章寫得不錯，卻沒考中進士，便發牢騷說：「考官眼睛瞎了，不識貨！」一個道士在旁邊聽了，便說：「你的文章一定不好！」秀才很不服氣：「你又沒有看到我的文章，憑什麼說我的文章不好？」道士說：「看你心浮氣躁的樣子，怎能寫得出好文章？」

當局者迷，旁觀者清。道士一語驚醒了秀才，從此靜下心去讀書，再也不自負了。

人一浮躁，就會終日處在煩躁忙碌的狀態中，長期下去，就容易變得脾氣暴躁、神經緊張。

我聽到一個忙碌了半生的男人訴說自己的苦悶：「眼看著別人房子、車子、錢都有了，我辛苦半輩子，什麼都沒有，像我這種年紀又大、又沒有技術的人，一輩子就這樣完了。」

為什麼過了半輩子卻連門手藝都沒學到？我們可以平凡，生活可以平淡，但一個人平凡到連個技術都沒學到，是誰的錯？試問，有多少年輕人浮躁到連一專門的技術都不想學就想發大財？一個讀了很多年書的研究生，抱怨自己的收入不及農民工。這樣的人就是讀到博士也不會有太高的成就，因為他太浮躁了，不問自己做了什麼事，取得了什麼成就，只一味算計自己的收入。

有一個老母親生病了，兩個兒子為了給母親治病，每天都要上山砍柴賺錢買藥。一位神仙被兄弟二人的孝心感動，便給了他們一個祕方，用四月的麥子、八月的高粱、九月的稻穀、十月的豆子、臘月的白雪，放在千年泥做成的大缸裡密封七七四十九天，待雞叫三遍後取出汁液賣錢。兄弟倆按照神仙的祕方各做了一缸。好不容易等到了可以開缸的日子，雞才叫第二遍，哥哥已經等不及了，打開密封的蓋子，看到的是一缸黑臭的污水。弟弟堅持等到雞叫第三遍後才打開缸蓋，頓時清香撲鼻，原來缸裡是又香又醇的酒。

這就像我們做事情，做到百分之八九十就急不可耐地求結果，結果可想而知。其實，只要耐心做下去，用不了多久，完成那未完的部分，成功便唾手可得。

顯微鏡是十九世紀最偉大的發明之一。顯微鏡的發明者只是荷蘭西部一個小鎮上的門衛。為了打發時間，他試著用水晶石磨放大鏡片。磨一副鏡片需要幾個月的時間，他不斷地嘗試以提高放大倍數。六十年後，他磨出了可以放大三百倍的鏡片。於是人們第一次在鏡片下看見了細菌，他的名字叫列文虎克。

當然，作為普通人，你不必像列文虎克那樣用六十年做一件事情，因為每個人都有自己的生活方式。

我們要學會享受當下，這也是不浮躁的一種表現。浮躁的人往往焦慮於當下的失敗，而忽略了生活的品質和快樂。他們用一些損人利己的手段去贏得金錢、車子和房子，在追逐名利的過程中，心靈慢慢被塵埃遮蓋，他們不再有淡定的人生，只有更浮躁和不安的靈魂。

淡定而不浮躁的人，即使生活賜予他的是苦難與失敗，他也仍然能夠從容面對。泰國商人施利華，是一位擁有億萬資產的富豪。一九九七年爆發的金融危機使他破產了。這時，他只說了一句：「好哇！又可以從頭再來了！」他從容地走進街頭小販的行列叫賣三明治。一年後，他東山再起。

自古以來，真正建大功、立大業的人，都是心定身安的人。我們在生活、工作和學習中，愈是艱難愈要有耐心。就像流水那樣，遇到阻擋就繞過去，繞不過去，便積蓄水量，漫溢過去。能力有限時，如小溪水淙淙不絕；能力大時，便匯成江。只有摒棄浮躁心態，人生才能淡定如水。

淡定而不浮躁的人，即使生活賜予他的是苦難與失敗，他也仍然能夠從容面對。

04 安禪何必須山水

弘一大師在《晚晴集》中抄錄過蓮池大師寫的這樣一段話：「畏寒時欲夏，苦熱複思冬；妄想能消滅，安身處處同。草食勝空腹，茅堂過露居；人生解知足，煩惱一時除。」這段話的意思是，天冷時，就想夏天很舒服；天熱時，又想冬天的好，一年四季，都沒有舒服的時候。如果能放下這些不切實際的念頭，那麼，無論身在何處，環境怎麼樣，都能夠感到安定。粗茶淡飯勝過餓肚子，茅草房好過露宿。人生如果能知足，就會消除煩惱，得到快樂。

蘇軾有一個朋友王鞏被貶到嶺南，幾年後才回到京城。嶺南的生活條件非常艱苦，還有瘴氣，可是，王鞏和侍妾的臉上不但沒有半點憂愁和風塵之色，反而顯得神采奕奕，甚至比以前更年輕。蘇軾設酒宴給他們接風，席間，就順便問了一句：「嶺南的生活很苦吧？」沒想到，王鞏的侍妾柔奴卻答道：「此心安處是吾鄉。」原來，心境真的能夠改變客觀環境。一樣的環境，有的人認為條件很好，過得很開心，有的人卻認為很苦，整天愁眉苦臉。其實，環境既然不能改變，倒不如改變自己的心境，不是嗎？

一天，無德禪師從法堂出來時，遇到一個信徒，正懷抱著一捧鮮花來供佛。無德禪師認得這個信徒，他每天都從自家的花園裡採摘鮮花來供奉佛祖。無德禪師非常欣賞地說：「你每天都這樣虔誠地用鮮花供佛，來世會得莊嚴相貌的福報呀！」

信徒回答說：「這是應該的，每當我帶著鮮花來到佛殿時，便感覺到心靈寧靜清涼，可是一回到家裡，心靈馬上就被塵世的喧囂所干擾，變得很煩躁。我又不能離開塵世，可是在塵世中，人如何才能保持一顆清淨的心呢？」

無德禪師反問道：「我問你，你如何保持花朵的新鮮呢？」

信徒答道：「保持花朵新鮮的方法很簡單，就是每天給花換水，並且在換水時把花梗剪去一截。因為花梗的一端泡在水裡容易腐爛，影響水分和養分的吸收，就容易凋謝！」

無德禪師道：「是呀，保持清淨心，就像你每天給花換水一樣道理，不停淨化我們的身心，去掉變質的、不好的雜念，就可以了。」

信徒聽後，歡喜地作禮，並且感激地說：「謝謝禪師的開示，希望以後有機會親近禪師，過一段寺院中禪者的生活，享受晨鐘暮鼓、菩提梵唱的寧靜。」

無德禪師道：「你的呼吸便是梵唱，脈搏跳動就是鐘鼓，身體便是廟宇，兩耳就是菩提，無處不是寧靜，又何必等機會到寺院中生活呢？」

很多人就像這位信徒一樣，常說想逃離塵世，去山間過閒雲野鶴般的日子。好像變了環境，就能讓自己的心靜下來，就能讓自己得到真正想要的生活。其實，正像詩中說到的一樣：「結廬在人境，而無車馬喧。問君何能爾，心遠地自偏。」只要我們的心靈能夠消除雜念，無論身在哪裡，都能夠得到真正的寧靜。

保持清淨心，就像你每天給花換水一樣道理，不停淨化我們的身心，去掉變質的、不好的雜念，就可以了。

有一年夏天，白居易頂著烈日去拜訪恒寂禪師。走到半路時，他已經汗流浹背了。可是，當他走進禪房之後，卻發現恒寂禪師正一動不動地端坐於蒲團之上，打坐參禪。毒辣的陽光從視窗射進來，照在禪師身上，禪師面容平靜，好像一點兒也不熱。白居易驚奇地問道：「禪房如此酷熱，禪師為什麼不換個清涼的地方打坐？」

恒寂禪師答道：「天氣很熱嗎？我怎麼感覺非常涼快呢？」

白居易頓有所悟，當即賦詩一首：「人人避暑走如狂，獨有禪師不出房。非是禪房無熱到，為人心靜身即涼。」

弘一大師曾寫有《清涼》詞一首：「清涼月，月到天心，光明殊皎潔。今唱清涼歌，心地光明一笑呵。清涼風，涼風解慍，暑氣已無蹤。今唱清涼歌，熱惱消除萬物和。清涼水，清水一渠，滌蕩諸污穢。今唱清涼歌，身心無垢樂如何。清涼，清涼，無上究竟真常。」

心涼即是心靜，《黃帝內經》曰：「靜則神藏，躁則消亡。」弘一大師作為一代高僧，確是最得「靜心」之妙諦。俗話說：「心靜自然涼。」要除去暑熱的苦惱，就要先除去不堪忍受暑熱的苦惱心。只要其心不苦熱，身體就如同坐在清涼的庭院裡。我們常常感覺到這個世界太複雜，煩惱太多，其實，如果我們不以煩惱為煩惱，自然也能達到「心靜自然涼」的境界。

日本高僧快川和尚不慎得罪了有權勢的織田信長，織田命人把寺廟團團圍住，四面用火燒起來。快川和尚和一眾僧人都靜靜地打坐，泰然地涅槃了。臨終時，快川和尚還說了兩句偈語：「安禪何必須山水，滅卻心頭火亦涼。」

一個心中裝滿欲望的人，即使身居深山古剎也無法平靜；一個內心無欲無求的人，即使住在鬧市也不會覺得喧囂浮躁。世上的煩惱多，皆因世人把自我看得太重，所以才會產生許多欲望和煩惱。假如能明白連身體也在幻化中，一切都不是我所能掌握和擁有的，用不著抱怨這個、抱怨那個，那麼世間還有什麼煩惱能侵害我呢？

05 內心寧靜，才能認清事情的根本

弘一大師在出家前，從夏丏尊那裡聽說，斷食能使人除舊換新，「改去惡德，生出偉大的精神力量」，自古宗教上的偉人如釋迦牟尼、耶穌都曾斷食過。弘一大師決定利用學校放寒假的機會親自嘗試一下。他的學生豐子愷先生回憶道：「一天，他決定入大慈山去斷食，我有課事，不能陪去，由校工聞玉陪去。數日之後，我去看望他，見他躺在床上，面容消瘦，但精神很好，對我講話，同平時差不多。他斷食共十七日，由聞玉扶起來，照一張相，相片上端由聞玉題字：『李息翁先生斷食後之相，侍子聞玉題』。這照片後來製成明信片分送朋友。相的下面用鉛字排印著：『某年月日，入大慈山斷食十七日，身心靈化，歡樂康強欣欣道人記』。李先生這時候已由教師一變而為道人了。」

斷食回來後，夏丏尊問他：「為什麼不告訴我？」

他笑著說：「你不一定能實行。而這種事預先叫別人知道也不好，旁人大驚小怪起來，容易發生波折。」

夏丏尊便問他怎樣斷食，他說：「第一星期，每日逐漸減少食量，由兩碗而一碗，而半碗，而斷粒；質也漸薄，由飯而粥，而湯，而水。第二星期，除飲泉水以外，完全不食。第三星期，一反第一星期之序而行，由水而湯，而粥，而飯，逐漸增至常量。自我感覺良好，不但無痛苦，而且身心反覺輕快，有飄飄欲仙之相。我平時是每日早晨寫字的，在斷食期間，仍以寫字為常課。三星期裡寫的字，有魏碑、有篆文、有隸書，筆力並不比平日減弱。」

問他第二星期完全斷食時，有何異感？

弘一大師說：「經過很順利，不但無痛苦，而且心境非常清靜，感覺非常靈，逾于常時，能聽人所不能聽，悟人所不能悟。這就是所謂『定能生慧』吧！」

斷食以後，弘一大師自己覺得「身心靈化」了，還寫了「靈化」二字，送給「蘇典仁弟以為紀念」，並取《老子》「能嬰兒乎」之意，改名李嬰。

斷食是佛教的一種修行方式，修行者主要通過斷食來提升心靈的境界。其實，人和動物並不需要每天都吃飽飯，動物是經常挨餓的，可從沒有聽說過它們這樣便會被餓死，斷食反而讓它們更加活躍，連精神也好了很多。

「斷食」是一種清淨身體和欲望的辦法，心清靜了，人才能夠看見本心的自我，才能夠按照自我的樣子去生活。

人的身體並不需要餐餐吃飽，偶爾沒有東西下肚，不但於人沒有任何傷害，反而更有利於身體的自我調節。如果身體沒有做好接受食物的準備，勉強進食，不但不能吸收，反而會適得其反，造成傷害。人體的消化系統往往會受情緒影響，人在疲倦或心情不佳、身體生病的時候，人體的分泌會與平時不一樣，倘有食物進入消化道，會滯留腸胃，變成有毒物質。所以，我們在身體不舒服、心情不好的時候，吃完飯往往會覺得很難受。

其實，佛教斷食真正的意義是在靈修鍛鍊上，因為斷食的時候，人的身體用來消化食物的能量消耗大大減少，大腦會比平時更加清醒。弘一大師認為，斷食之後，心境非常清靜，感覺非常靈敏，平時聽不到、想不到的，都能聽到、想到了。這說明，內心寧靜，對提高我們的認知能力是有幫助的。

心清靜了，人才能夠看見本心的自我，才能夠按照自我的樣子去生活。

「斷食」是一種清淨身體和欲望的辦法，心清靜了，人才能夠看見本心的自我，才能夠按照自我的樣子去生活。佛祖釋迦牟尼就曾多次通過斷食的方式進行冥想，終在菩提樹下開悟。對於修行的人來說，斷食可以讓頭腦更清明。當然，常人很少用斷食來保持頭腦清醒。不過，我們仍然可以通過減少食量、控制欲望、摒除繁雜等方法，不斷清空自己的精神垃圾，保持頭腦的清晰。肚子吃得太飽，頭腦就不夠清醒，人就沒辦法思考，心就不夠靈活，更何況我們每天面對的這些煩惱，人要保持清醒的頭腦和理智的思維，就要時時清除心頭的欲望和干擾。

明代洪應明在《菜根譚》中說，能安心吃粗茶淡飯的人，都是一些德行高尚的人，他們像冰和玉一樣清潔。而那些喜歡富貴生活的人，多半會為了榮華做出一些喪失尊嚴的事。這是因為，人的志氣要在清心寡欲的狀態下才能表現出來，而一個人的節操都是在貪圖物質享受中喪失殆盡的。

放下小筆記

在人生的旅途中，要學會放下遭遇過的各種不幸、挫折、失敗、痛苦……只有這樣，才能騰出心靈的空間去感受生活的美好。

Part 2

惜食，惜衣，非為惜財緣惜福

就算是生命的苦味、鹹味，如果我們帶著感恩、惜福的心態去看待它們，也會覺得那是人生最好的一種滋味。

01 知足常足，知止常止

知足常足，終身不辱。知止常止，終身不恥。安莫安于知足，危莫危於多言。

——弘一大師《格言別錄》

「知足」是人家給多少，你「雖不滿意，但可接受」；「知止」是自己看著到某個程度了，伸手去擋住，說：我不要了。「知足」是由人，「知止」由自己。「知足」是不貪，「知止」是不隨。功夫做到細微處，一念起來，知止，不被帶著走；一念消失，知止，如同不動。

一九一九年，弘一大師送給好友夏丏尊一幅字，上書「知止」二字。那時，他在杭州虎跑寺出家已一年零一個月。知止是什麼意思呢？「止」是指「歸宿」、「立場」，「知止」即是指一個人對自己的目標、歸宿和原則立場有明確瞭解。「知止」這寥寥二字，其中卻蘊含著無限深意與禪機。

從前，在普陀山下有個樵夫，整日早出晚歸，辛勤地勞作，仍然不能溫飽，家裡經常揭不開鍋。他的老婆每天都到佛前虔誠地燒香，祈求佛祖慈悲，能讓他們的日子好過一點。她的祈禱果然感動了佛祖。一天，樵夫外出打柴時，在一棵大樹下挖到一具金羅漢。

一文不名的樵夫一夕之間成了富翁，買田置地，日子好過起來。按說，樵夫從窮光蛋變成百萬富翁，應該高興才是。可是，樵夫才高興了幾天就茶飯不思、坐立不安了。

他老婆就問：「我們現在吃喝不愁，又有良田美宅，你還唉聲歎氣的做什麼？難道你是怕小偷來偷嗎？小偷可偷不走這些房屋和良田，有什麼可怕的。你真是個天生受窮的命！」

樵夫聽完老婆這一番話，卻發起了脾氣：「女人頭髮長、見識短，你懂什麼！偷不偷倒在其次，讓我煩惱的是那十八個金羅漢我才得了一個，那十七個還不知道埋在哪裡，我怎麼能安心？」就這樣，樵夫終日為那沒能得到的十七個羅漢失魂落魄，沒多久就病死了。

這個人不懂得知足，不懂得適可而止，結果終於害了自己。世上的人，表面上死因各樣，其實，多數都可歸結為不知足，不懂得「知止」。如果我們懂得知足、知止，就會減少很多的煩惱，身心清靜。

人不快樂、不幸福，不是因為他擁有得太少，而是因為他不懂得知足、知止。不知足，無論有多少財富他都會覺得自己擁有得太少，永遠為得不到的發愁；不知止，不懂得見好就收，最後反而連同到手的都一起失去。

陝西漢中張良廟，有兩塊石碑，其一刻「送秦一椎，辭漢萬戶」八個大字，另一塊上刻「知止」二字。兩塊碑合起來，也可看成一副對聯。張良輔佐劉邦滅了秦朝，天下初定，他便託病隱退，「願棄人間事，欲從赤松子遊」。漢初「三傑」中，韓信被殺，蕭何被囚，只有張良因懂得「知止」的妙義得以保全性命。古往今來，真正的英雄偉人，莫不是因懂得

「知止」二字的妙意，而讓自己功成身退，留下人生最完滿的一筆。

不知止，不懂得見好就收，最後反而連同到手的都一起失去。

一天傍晚，虛有禪師在河邊散步，看見幾個人正在岸邊垂釣，禪師無事，就站在旁邊觀看。這時，其中一位垂釣者竿子一揚，釣上來一條大魚，足有三尺長，活蹦亂跳的，旁邊圍觀的人都為他齊聲歡呼起來。可是，這個釣者卻熟練地取下魚嘴內的釣鉤，順手就將魚丟進了河裡。人群中響起一陣惋惜聲，但心裡又很佩服這個釣者，這麼大的魚還不能令他滿意，可見這是個釣魚高手。就在眾人屏息以待之際，釣者魚竿又是一揚，這次釣上的是一條兩尺長的魚，釣者不屑一顧，又順手扔進河裡。第三次，釣者的魚竿再次揚起，卻是一條不到一尺長的小魚。圍觀的人群發出一聲失望的歎息，有人心想，早知如此，第一次就不應該丟掉那條大魚。不料這次釣者卻將魚小心解下，放進魚簍。

圍觀的人百思不得其解，就問他：「為何捨大而取小？」

釣者回答：「因為我家最大的盤子不過一尺長。」

看到此，禪師深有感觸地說：「世人皆求大不求小。其實，適合自己的才是最好的。」對釣者而言，他可以給自己買一個更大的盤子，他也可以把魚切斷烹製。所以，在旁觀者看來，這個釣者其實是很傻的。但我們都忘了一個重要的問題，那就是，我們肚子的容量是一定的，釣者只要一尺長的小魚，豈止是因為盤子不夠大，釣者要的是那一份知足常樂的自在生活啊！

聖嚴法師曾說：「如果現代人能淡泊名利、不去計較，用『一粥一飯』的態度過日子，必然會覺得格外充實，而且在充實之中會有淡泊寧靜、輕鬆自在，彷彿無事一般的心境。」

「一粥一飯」的說法來自一個佛教故事。

仰山禪師問師父溈山禪師：「師父，等您圓寂之後，如果有人問起師父的道法是什麼，我該如何回答？」

溈山禪師只說了四個字：「一粥一飯。」

為什麼說一粥一飯呢？因為在禪宗的寺院，早上吃一頓粥，中午吃一頓飯，晚上不吃東西，所以，僧人每天只吃一粥一飯。溈山禪師這樣回答，是不是說他每天只吃粥吃飯混日子就可以了？當然不是，禪師的意思是說，無論人有多少欲望，其實每天只需一粥一飯就足夠了。就算你是皇帝，說到底，也不過是一天三頓飯，溈山禪師用「一粥一飯」四個字告訴人們要學會知足。

「知足」是由人，「知止」由自己。「知足」是不貪，「知止」是不隨。

李嘉誠的辦公室中懸掛著「知止」二字的條幅，以此來警策自己凡事適可而止。在李嘉誠看來，世上之事，都遵循著「物極必反」的原理，過度的行為只能導致失敗的結局。晚年的李嘉誠虔心向佛，慈悲喜捨，將個人三分之一的財產捐出成立基金會，致力於慈善事業。只有懂得「知止」才不會在事業最鼎盛之時跌入低谷。錢財多失在不知止上，總想以貪婪之心占盡天下大小之利，巴不得滿盤皆收、贏家通吃。

如果當下只有一個饅頭，我覺得知足，真好，我今天沒有餓肚子，有多麼幸福；如果當下有一桌山珍海味，我也知足，真好，人生可以有這麼大的幸福，我還有什麼不開心的？有多有少都一樣快樂，這樣的人，就是知足。因為知足，內心便充滿富足感。而那些不知足的人，總是覺得自己得到的還不夠，永遠像一個窮人那樣說：我太窮了，我擁有的太少了，我何其不幸。所以，即使他是百萬富翁，其實還是個窮人。因為不知足，最後把自己的所有都失去的例子實在太多了。有句話叫「人心不足蛇吞象」，要想真正享受人生的樂趣，基本信條就是「知足常足，知止常止」。

有多有少都一樣快樂，這樣的人，就是知足。因為知足，內心便充滿富足感。

02 知足的人生最富足

事能知足心常愜，人到無求品自高。
——弘一大師《格言別錄》

持戒嚴謹，淡泊無求，一雙破布鞋，一條舊毛巾，一領衲衣，補丁兩百多處，青白相間，襤褸不堪，還視為珍物。素食唯清水煮白菜，用鹽不用油。信徒供養香菇、豆腐之類，皆被謝絕。

這是弘一大師出家之後的生活。

弘一大師名聲在外，又加上在家時家產豐厚，即使出家，他也一樣可以過著優越的生活，至少也不應該如此清苦。但大師拒絕了一切利養，決意要做一個苦行僧。

弘一大師說：「出家人的生活在人們看來是相對清苦的，但對於真正的出家人而言，他們並不會認為苦，而是把苦當成樂，並且從中獲得真正的快樂。」在弘一大師看來，真正的快樂並不是物質上的富足，而是精神上的。在世人的眼中，物質匱乏的生活就是苦的，這是因為，我們把快樂建立在身體的享受之上，如果我們能夠像弘一大師一樣，那麼艱苦的生活對於我們來說就不再是苦。

世人總是想盡一切辦法來滿足自己的物質欲望，永不知足，永不停止。吃著碗裡的，看著鍋裡的，但在這個追求的過程裡，他們要忍受著得不到和失去的痛苦，更不要說每天為了那超出人本身需要很多的物質財富所受的苦和累。我們頭上的白髮有多少是為了那不必要的東西一點點累白的呢？而那些尋求精神世界富足的人，精神上的快樂常常使他們看起來那麼自在、從容，一身的輕鬆，一臉的愜意。

中國曾有這樣一句俗語：「知足常樂。」「布衣桑飯，可樂終生」，這是弘一大師一生的志願。弘一大師在講解《佛遺教經》的時候曾說：「行少欲者，心則坦然，無所憂畏，觸事有餘，常無不足。」他也曾勸誡世人：「人生在世都希望有一個幸福快樂的生活，然而幸福快樂由哪裡來呢？絕不是由修福而來，今天的富貴人或高官厚祿者，他們日日營求，一天到晚愁眉苦臉，並不快樂。修福只能說財用不算匱乏，修道才能得到真幸福。少欲知足是道，欲是五欲六塵。無憂無慮，沒有牽掛，所謂心安理得，道理明白，事實真相清楚，心就安了。六根接觸，六塵境界不迷，處世待人接物恰到好處，自然快樂。」

大師這段話給世人的啟示是：人要少欲。少欲，人的牽掛就沒有了，憂慮也沒有了，心就安了，人就快樂了。

古人說：「求名之心過盛必作偽，利欲之心過盛則偏執。」凡事都是過猶不及，所謂欲火焚身，過於強烈的欲望會毀滅掉人的生命。

即使你的欲望並不多，但如果時時處於不滿足的痛苦狀態中，對我們的身心也是有害而無利的。那麼，最好的辦法就是知足常樂。知足，並不是要我們沒有追求、沒有想法、停滯不前，而是不要為欲望暫時的不能滿足而感到痛苦，乃至影響到自己的情緒和身體。

人的欲望是永無止境的。佛陀在《因緣品》中說：「即使天上降下金銀珍寶之雨，貪婪之人也不會滿足。」不知足，正是我們感到不快樂的根源。「得失從緣，心無增減」，知足的人，因為放下執著，即使自己的人生不完美，目標不能完全實現，他也會覺得人生是一樣的美好。

少欲知足是道，欲是五欲六塵。無憂無慮，沒有牽掛，所謂心安理得，道理明白，事實真相清楚，心就安了。六根接觸，六塵境界不迷，處世待人接物恰到好處，自然快樂。

03 十分福氣，享受三分

我們即使有十分福氣，也只好享受三分，所餘的可以留到以後去享受；諸位或者能發大心，願以我的福氣，佈施一切眾生，共同享受，那更好了。

——弘一大師《青年佛徒應注意的四項》

什麼是幸福？古人在造字時，就已告訴我們答案了。「幸」字，上方是「土」，下方是錢的符號「¥」；「福」字，左邊是「衣」，右上是「一口」，右下是「田」。也就是說，有地、有錢、有衣、有食，而且全家團團圓圓，這就是幸福。

從這個標準上說，我們大部分人都是幸福的。誠然，我們的人生有種種的不幸，富有的人雖然不缺衣少食，可是，他們也有這樣和那樣不開心的事。甚至，有些富有的人，只能用錢財打腫臉充胖子，家庭失和，兄弟反目，仇家遍地，醜聞不斷。你能說他們幸福嗎？為什麼我們明明什麼都有了，還不幸福呢？這是因為，人心不足，欲望過多，不懂得惜福。

古人還用種比較迷信的說法是，你的命不好，福薄，享受不了那麼多的福氣；或者你一下子把一輩子的福氣用完了，好日子就到頭了，所以，不幸就要降臨了。就好像一塊糖，你放在嘴裡慢慢含著，一點點地化，就能甜好久，如果你一口氣把它咽下去了，你以後只能痛苦地看著別人吃糖了。

在《李叔同說佛》一書中，大師告誡青年佛教徒要「惜福」。什麼是惜福呢？就是愛惜自己的福氣，就是知足，不要過度縱欲、過度地浪費我們的物質。

大師在給青年佛徒講經時曾提到：

七歲時我練習寫字，拿整張的紙瞎寫，一點不知愛惜，我母親看到，就正顏厲色地說：「孩子，你要知道呀！你父親在世時，莫說這樣大的整張紙不會糟蹋，就連寸把長的紙條，也不肯隨便丟掉！」母親這話，也是惜福的意思啊！我因為有這樣的家庭教育，深深地印在腦裡，後來年紀大了，也沒有一時不愛惜衣食；就是出家以後，一直到現在，也保守著這樣的習慣。諸位請看我腳上穿的一雙黃鞋子，還是一九二〇年在杭州時候，一位出家人送給我的。又諸位有空，可以到我房間裡來看看，我的棉被，還是出家以前所用的；又有一把洋傘，也是一九一一年買的。這些東西，即便有破爛的地方，請人用針線縫縫，仍舊同新的一樣了。簡直可盡我受用著呢！不過，我所穿的小衫褲和羅漢草鞋一類的東西，卻須五、六年一換。除此以外，一切衣物大都是在家時候或是初出家時候的。

從前常有人送我好的衣服或別的珍貴之物，但我大半都轉送別人。因為我知道我的福薄，好的東西是沒有膽量受用的。又如吃東西，只生病時候吃一些好的，除此以外，從不敢隨便亂買好的東西吃。

惜福並不是我一個人的主張，就是淨土宗大德印光老法師也是這樣，有人送他白木耳等補品，他自己總不願意吃，轉送到觀宗寺去供養諦閑法師。別人問他：「法師！你為什麼不吃好的補品？」他說：「我福氣很薄，不堪消受。」

他老人家——印光法師，性情剛直，平常對人只問理之當不當，情面是不顧的。前幾年有一位皈依弟子，是鼓浪嶼有名的居士，去看望他，和他一道吃飯。這位居士先吃好，老法師見他碗裡剩落了一兩粒米飯，於是就很不客氣地大聲喝斥道：「你有多大福氣，可以這樣隨便糟蹋飯粒！你得把它吃光！」

諸位！以上所說的話，句句都要牢記！要曉得：我們即使有十分福氣，也只好享受三分，所餘的可以留到以後去享受；諸位或者能發大心，願以我的福氣，佈施一切眾生，共同享受，那更好了。

弘一大師認為，十分福氣只消享受三分就可以了，這就是我們常說的不要把福氣一次用盡。如果一個人過早地用盡福氣，就像一棵生長過快的樹，一朵盛開過早的花，反而容易在中途夭折。

在泉州時，弘一大師告訴曇昕法師：「我這幾天在想，如果我能喝喝雪峰茶，那我就很好了。」雪峰茶是指南安楊梅山雪峰寺所出的茶。他說完之後，就問曇昕法師：「你有嗎？」曇昕法師說有一點點，就去把茶葉取來，弘一大師泡了茶，喝了一口，大讚：「呵！

很好！很好！這茶一喝入口，身心就進入一種清靜的境界，這茶的功用真好。」稍頓，他又說：「但不能常喝！這茶對過午不食的人不大合適，因茶對消化很有幫助，多喝不得！」

好東西不能常享用，這也是惜福的一種表現。如果我們經常享用好東西，便會日久成習慣，一旦沒有，就會感到不舒服、不自在。如果一個人的日子過得太好，一旦發生什麼變故，身體可能就會吃不消。

雪峰禪師和欽山禪師一起在溪水邊洗腳，欽山見到水中漂有菜葉，很歡喜地說：「這山中一定有道人，我們可以沿著溪流去尋訪。」

雪峰禪師回答他：「你眼光太差，以後如何辨識人？他如此不惜福，為什麼要居山！」入山后果然沒有名僧。

雪峰禪師根據一片菜葉就斷定山中無道人，那麼，我們是否也能根據一個人是否珍惜自己所使用的物品來判斷這個人呢？那些因為自己有錢便不愛惜物品的人，肯定是沒有福氣的人，至少，不會是一個有真正幸福感的人。

如果一個人過早地用盡福氣，就像一棵生長過快的樹，一朵盛開過早的花，反而容易在中途夭折。

袁了凡居士的妻子是一位善女人，有一年冬天，她把家裡的絲綿換成棉絮給兒子做棉衣。了凡先生問她：「為什麼不用絲綿做，而換成棉絮呢？」她說：「絲綿比棉花貴，用棉花也一樣能取暖，絲綿賣了可以把錢送給更需要錢的人。」了凡先生聽了很高興，認為妻子的這種做法不愁孩子將來沒有福氣！

了凡居士為什麼認為妻子的做法會讓孩子有福氣呢？這就是弘一大師講的：「我們即使有十分福氣，也只好享受三分，所餘的可以留到以後去享受。」其實，養育孩子的父母都會有同樣的體驗，小孩子是很容易滿足的，如果父母每天都給孩子很多糖吃，這個孩子未必會覺得有多麼開心，但如果每週只許他吃一次糖，他就會很期待，也會覺得糖很甜，感到很滿足。這個孩子長大了，在生活上也會比較節制，相反，那些從小就要風得風、要雨得雨的孩子，因為父母在他們小時候就把這一輩子該享的福氣享盡了，長大了，他反而因為自己要什麼有什麼而絲毫感覺不到快樂。

我們總是抱怨自己擁有的太少，卻忽略了我們已經擁有的。等到失去之後，才會知道自己以前是身在福中不知福，後悔自己沒有好好珍惜。其實，如果一個人生活富足到了揮金如土的地步，也就是他的福氣即將用盡的時候。也直到那時候，我們才會知道以前自己是多麼的富有，可惜的是，在富有的時候，我們卻一天快樂的日子也沒有享受過。即使我們的日子並沒有那麼富足，但只要用心地安排我們的生活，一樣可以體會到幸福。即使一碗白飯也自有它的甜味，一樣可以體味出屬於你的那一份幸福來。而很多人往往是在饑腸轆轆時，才知道一碗白飯的香味。

我們總是習慣向上看，和那些比自己過得好的人相比，所以，無論我們擁有多少，都不能令我們幸福。如果我們能夠低下頭，看一看那些比自己擁有更少的人，就會知道自己何其幸福。以這樣的心態來看待生活，那麼，即使我們身陷困境，也會感到幸福。因為，擁有生命本身，就是人生最大的幸福。

生活是否安逸，並不在於物質方面是否奢華，而是在於我們的一種心境。如果我們也能像弘一大師那樣以一顆淡泊的心看待擁有的一切，時時刻刻都懂得「知足」、「惜福」，那麼幸福也會時時陪伴著我們。

小孩子是很容易滿足的，如果父母每天都給孩子很多糖吃，這個孩子未必會覺得有多麼開心，但如果每週只許他吃一次糖，他就會很期待，也會覺得糖很甜，感到很滿足。

04 鹹有鹹的滋味，淡有淡的好處

在弘一大師的世界裡，一切都好。白衲衣、破卷席和舊毛巾一樣好，青菜、蘿蔔和白開水同樣好。鹹也好，淡也好，樣樣都好。能在瑣碎的日常生活中咀嚼出它的全部滋味，能以歡愉的心情觀照出人生的本來面目，這種自在的心性，宛如一輪皓月，大師的內心是何等空靈的境界啊！

——夏丏尊《生活的藝術》

每當看到這段文字時我都會感動，內心生起一種莊嚴之感，從而對自己當下的生活感到十分滿意。

有一次，弘一大師從溫州到寧波，掛搭於七塔寺。夏丏尊知道後，於第二天午前帶了飯菜去，在桌旁坐著陪他。碗裡所有的只是些蘿蔔、白菜之類，可是在他看來，卻幾乎是要變色而作的盛饌了。他很喜悅地把飯劃入口裡，鄭重地用筷子夾起一塊蘿蔔時的那種了不得的神情，真使人見了要流下喜悅慚愧之淚！第三天，有另一位朋友送了四樣菜來齋他。夏丏尊先生也同席。其中有一碗非常鹹。

夏丏尊說：「這太鹹了！」

他卻說：「好的！鹹的也有鹹的滋味，也好的！」

夏家和他的寓所相隔有一段路。第四天，他說，以後飯不必送來，他可以自己去吃。且笑說，乞食是出家人的本色。

「那麼，逢天雨仍替您送來。」

「不要緊！天雨，我有木屐哩！」他說出「木屐」二字時，神情上竟儼然是一種了不得的法寶。他看出夏先生有些不安，就說：「每天走些路，也是一種很好的運動。」

在他心中，世間竟沒有不好的東西，一切都好。小旅館好，破舊的席子好，破毛巾好，白菜好，蘿蔔好，鹹苦的菜好，走路好。什麼都好，什麼都有味，什麼都了不得。

在他看來，對於一切事物，不為因襲的成見所束縛，都還它一個本來面目，如實觀照領略，這才是真解脫，真享受。

夏丏尊在《生活的藝術》一文中寫道：「在弘一大師的世界裡，一切都好。白衲衣、破卷席和舊毛巾一樣好，青菜、蘿蔔和白開水同樣好。鹹也好，淡也好，樣樣都好。能在瑣碎的日常生活中咀嚼出它的全部滋味，能以歡愉的心情觀照出人生的本來面目，這種自在的心性，宛如一輪皓月，大師的內心是何等空靈的境界啊！」

吃過苦、受過窮的人大概都有過類似的經歷。就是人在極渴時，水是很甜的；人在極餓時，粗茶淡飯就是世上最美味的東西。這並不是錯覺，而是因為我們會帶著感恩的心去享用它們。相反，如果沒有感恩之心，就算天天吃大魚大肉，也會覺得索然無味。

而就算是生命的苦味、鹹味，如果我們帶著感恩、惜福的心態去看待它們，也會覺得那是人生最好的一種滋味。那些曾經深陷於痛苦中的人一定會對此深有體會，在當時覺得難以承受、抱怨不已，可是，經過歲月的沉澱之後，內心反而會生出一縷花香。對陷入情愛的青年男女來說，分離是痛苦的，相聚是甜蜜的，但那分離的痛苦，卻常常能夠檢驗出彼此的情意。沒有苦，焉知甜？沒有痛，焉知樂？沒有死，焉知生？

人生不可貪，如果你的人生中有清茶可以喝，那是極好的事，但如果只有白開水，那也是很幸福的。當你正好端起一杯水時，不妨想想，如果這時候你身處於沙漠，那麼，這杯水，對你來說，是怎樣的滿心歡喜呢？你若以為碗中的鹹菜太鹹，那麼，現在就將這鹹菜撤下去，餓上兩天，你一定會對這盤鹹菜垂涎三尺。

鹹有鹹的滋味，淡有淡的味道。我覺得這是弘一大師留給我們最有禪意的話，每次想起這句話，我都心生感恩。對自己口中的食物，身上的衣衫，倍加滿足。只要我們心中能夠惜福，無論鹹也好、淡也罷，都能夠在瑣碎的生活中咀嚼出它特別的滋味。

就算是生命的苦味、鹹味，如果我們帶著感恩、惜福的心態去看待它們，也會覺得那是人生最好的一種滋味。

05 一米一飯當思來之不易

印光大師一生，于惜福一事最為注意。衣、食、住等，皆極簡單粗劣，力斥精美。

——弘一大師《略述印光大師之盛德》

弘一大師在《略述印光大師之盛德》中提到：「民國十三年，餘至普陀山，居七日，每日自晨至夕，皆在師房內觀察師一切行為。師每日晨食僅粥一大碗，無菜。師自云：『初至普陀時，晨食有鹹菜，因北方人吃不慣，故改為僅食白粥，已三十餘年矣。』食畢，以舌舐碗，至極淨為止。複以開水注入碗中，滌蕩其餘汁，即以之漱口，旋即咽下，惟恐輕棄殘餘之飯粒也。……以上且舉飲食而言，其他惜福之事，亦均類此也。」

弘一大師提倡人們過儉樸的生活，在大師看來，一個人無論是貧困還是富裕，都應該過儉樸的生活。尤其是富裕的人，最容易過奢華的生活，而如果一個人能夠在富裕之後依然過儉樸的生活，那麼這個人一定是個了不起的人。

弘一大師一出生便錦衣玉食，出家後，卻過著粗食淡茶的生活，戒絕一切除生活必需之外的奢侈生活品。在他看來，人吃的、穿的、用的，都是別人用勞動得來的，凝結著勞動者的汗水，所以，要倍加珍惜。

有一年冬天，弘一大師在福建南安水雲洞小住。寺裡的條件比較簡陋，床是用兩扇木板搭成的，侍者慧田很是過意不去。他卻很滿意地不停說著「很好很好」，並對慧田說：「我們出家人，用的東西都是施主施捨的，什麼東西都要節儉，都要愛惜。住的地方，只要有空氣，乾淨，就很好。用的東西只要可以用，不計較什麼精巧華麗。日中一食，樹下一宿，是出家人的本色。」

他有一件僧衣，補了好幾個補丁，都是他自己補的。僧衣青灰相間，襤褸不堪，是他剛出家時穿的，後來被他的朋友、浙江第一師範學校的校長經子淵先生留下作為紀念。一雙僧鞋，也穿了十五年。他的學生劉質平在他五十壽辰時，細數他蚊帳上的破洞，有的用布補，有的用紙糊，已經十分破舊，要給他換一頂新的。他堅辭不許，說是還很好，還可以用，不必換。

葉青眼居士在《千江印月集》裡回憶說，「大師入閩十餘年，生活四事，無非三衣過冬，兩餐度日，數椽蘭若，一隻粗椅而已。生平頗愛鮮花，往往翠柏一莖，紅花數蕊，裝置一小瓶中，供諸佛家，便覺生意彌滿，莊嚴無盡此外，即一枝火柴亦不輕用，何況其他。」

曇昕法師在談到弘一大師時，曾回憶起一件事：

一九四一年，上海的劉傳秋居士，聽說閩南鬧糧荒，深恐弘一大師道糧不足，不能完成《南山律叢》的編撰工作，於是特奉千元供養，托蓮舟法師由鼓浪嶼輾轉呈贈弘一大師。弘一大師慨然辭謝，說：「我自出家一向不受人施捨。就是至友及弟子供養的淨資，也全部作為印刷佛書之用，自己分毫不取。我從來不管錢，也不收錢，請仁者把原款璧還。」聽說上海交通已斷，款未能寄回，他沉吟有頃，說道：「既然如此，可將此款轉贈予開元寺。開元寺因為太平洋戰事，經濟來源告絕，發生了糧荒。請開元寺直接函複劉居士鳴謝。」他的至友夏丏尊居士以前贈他一架美國白金水晶眼鏡，因為很漂亮，他不戴，此次也轉送開元寺常住公開拍賣，得價五百餘元，用以購齋糧。

還有一次，弘一大師要曇昕法師去囑咐洗菜的老婆婆，他對曇昕法師說：「麻煩你幫我告訴她，洗菜時多用些水將菜洗淨。不然菜中的沙粒洗不去，吃菜時沙粒塞進我的牙縫中是很辛苦的。不過她不必過度地浪費水，她可用一次的水將菜多洗兩回就成了。同時，洗完的水還可用來澆花，切不可浪費。」

一次，弘一大師身子不大舒服，曇昕法師就提出要幫他洗衣服，但他一口拒絕了。曇昕法師勸他：「這是不要緊的，你的身子不大好，我幫你洗好了。不過我是洗得不大乾淨的。」他依舊拒絕曇昕法師的幫忙，但大師對曇昕法師說：「我們洗衣一定要洗得乾淨才行。用來洗衣的水可一連用四回。打一盆水先用來洗臉，洗過臉的水，還可用來洗衣。洗了衣可用來擦地，最後那盆水還可以用來澆花。因此，一盆水可有四個用途。我們出家人一定要樸實，不可隨意浪費。」

我們如今的生活雖然好了，可是，像珍惜物品這樣的習慣到什麼時候都不過時。這樣做不是吝嗇。地球上的資源有限，如果我們這輩子把好東西都用光了，下一代可能就沒有了。比如說水，現代人洗衣服都用洗衣機，漂洗時清水都被排到下水道去了。其實，你可以用桶裝起來，這些水還可以用來沖廁所、擦地。

一個人無論擁有多高的地位和多少金錢，都應該過儉樸的生活。決定一個人高尚還是鄙俗的不是擁有金錢的多少，而是一個人生活方式的選擇。儉樸生活並不是要求每一個人都要過苦行僧的生活，弘一大師只是主張人們不要浪費，不要追求那些超出生活需要本身的奢華生活。

一個不懂得珍惜的人本身就是一個不懂得幸福為何物的人。他們只能通過不斷的消費才能讓自己感到有所寄託，內心隨著物欲的橫流而越發空虛。所以，我們要學會惜福，要儘量減少不必要的浪費，減少我們對欲望的需要，只有這樣，我們才能更深地感知生活的幸福。

決定一個人高尚還是鄙俗的，不是擁有金錢的多少，而是一個人生活方式的選擇。

06 勞動是上天賜予的生活方式

「習」是練習，「勞」是勞動。現在講講習勞的事情：諸位請看看自己的身體，上有兩手，下有兩腳，這原為勞動而生的。若不將它運用習勞，不但有負兩手兩腳，就是於身體也一定有害無益的。換句話說：若常常勞動，身體必定康健。

——弘一大師《青年佛徒應注意的四項》

弘一大師在這裡講，人生下來就是要勞動的，勞動是一種本能，經常勞動的人才能健康，即使到了佛的境界也要勞動。他為何要強調勞動的重要性呢？弘一大師很直白地說：「出家人性多懶惰，不備勞動。」

弘一大師曾經給廈門南普陀寺和尚講了下面幾則「佛陀勞動的故事」。

有一天，佛陀看到地上不乾淨，自己就拿起掃帚來掃地，許多弟子見了，也過來幫著掃，不一時，把地掃得十分清潔。佛看了歡喜，隨即到講堂裡去說法，說道：「若人掃地，能得五種功德。……」

又有一天，佛陀和阿難出外旅行，在路上碰到一個喝醉的弟子，已醉得不省人事了。佛陀就命阿難抬腳，自己抬頭，一直把他抬到井邊，讓阿難把他洗濯乾淨。

有一天，佛陀看到門前木頭做的橫楣壞了，自己動手去修補。

有一次，一個弟子生了病，沒有人照應，佛陀就問他：「你生了病，為什麼沒人照應你？」那弟子說：「從前人家有病，我不曾發心去照應他；現在我有病，所以人家也不來照應我了。」佛陀聽了這話，就說：「人家不來照應你，就由我來照應你吧！」佛陀就將那患病弟子的大小便種種污穢，洗濯得乾乾淨淨。還將他的床鋪，整理得清清楚楚，然後扶他上床。

弘一大師向聽眾指出：「佛陀絕不像現在的人，凡事都要人家服勞，自己坐著享福。這些事實，出於經律，並不是憑空說說的。」

弘一大師又說了兩個故事：

佛陀的一位大弟子，雙目失明，不能料理自己，佛陀就替他裁衣服，還叫別的弟子一道幫著做。

有一次，佛陀看到一位老年比丘眼睛花了，要穿針縫衣，無奈眼睛看不清楚，嘴裡叫著：「誰能替我穿針呀！」佛陀聽了立刻答應說：「我來替你穿。」

弘一大師告誡南普陀寺僧眾：「也當以佛為模範，凡事自己動手去做，不可依賴別人。」

弘一大師自己的房間向來由自己打掃，縫補衣服這樣的事，也是親力親為。據說，直到圓寂後，人們來到他的房間，看到大師的房間依舊乾淨整潔。

但是，勞動是辛苦的、枯燥的。甚至，大多數人流血流汗，所換來的報酬卻是微不足道的。每當這時，我們的內心都會對勞動生起厭惡之心。所以，有人認為，如果辛苦換來的只是更多的辛苦，那人，又何苦活在這世上呢？

人生下來就是要勞動的，勞動是一種本能，經常勞動的人才能健康。

有一個窮人，雖然每天辛苦地勞動，但還是不能溫飽，他平生最大的願望就是能夠像富人那樣不用勞動，每天無所事事，吃喝玩樂。於是他去見了上帝，請求上帝讓他享受一段不用勞動的日子。上帝同意了。於是，這個人馬上搖身一變，成為有錢人，住在豪華的別墅裡，每天的一切生活雜事都有僕人來打理，他只需要飯來張口、衣來伸手即可。這樣過了一陣子，他覺得很無聊，想找點事情做，可是，實在沒有他可以做的事。慢慢地，他變得煩躁不安，感到人生無趣。想想以前的日子，他寧可回到那樣貧窮但每天忙碌工作的狀態裡去，他覺得這樣無所事事的生活簡直比地獄還可怕。於是，他找到上帝說：「讓我像以前那樣吧！我實在受不了了。我覺得我像生活在地獄裡一樣可怕。」上帝說：「這就是地獄呀！」

勞動是幸福的，我們之所以難以體會到，是因為我們過度地關注勞動本身，而忽略了勞動帶給了我們什麼。勞動是辛苦的，勞動讓我們付出了大量的時間和精力，但是勞動同樣給予了我們心靈的滿足。當我們看著自己的勞動成果，就會發現一切辛苦都是值得的，因為我們有所收穫。

勞動是幸福的，因為我們完成了心中的志願。每一個人都有自己的目標，都有自己的興趣和愛好，如果勞動是為了實現我們的目標，還會覺得勞動是辛苦的嗎？當我們從事自己感興趣的工作時，我們還會覺得勞動很無聊嗎？我們不應該把眼光放在勞動本身帶給我們的疲憊，而應該關注勞動帶給我們的好處上，只有這樣，我們才能發現勞動的幸福所在。

我們要學會在勞動中品味幸福，雖然勞動有時候會讓我們感到疲憊不堪，但是我們的人生在勞動中得到了充實，我們在勞動中懂得了生活的艱辛、明白了幸福的真義。勞動也是一種修行，在勞動的過程中，我們可以創造價值，使生命獲得終極的意義。

勞動是辛苦的，勞動讓我們付出了大量的時間和精力，但是勞動同樣給予了我們心靈的滿足。

放下小筆記

在人生的旅途中，要學會放下遭遇過的各種不幸、挫折、失敗、痛苦……只有這樣，才能騰出心靈的空間去感受生活的美好。

Part 3
心平氣和，才能內心強大

失去的永遠都失去了，再怎麼怨恨對方，也不可能讓一切回到原點，懷著仇恨生活，折磨的只是你自己的內心。要幸福，要快樂，就要放下仇恨，釋放了仇恨，才能釋放心靈的痛苦，才能以微笑的面容面對生活！

01 忍耐是一種人生的修行

己性不可任，當用逆法制之，其道在一「忍」字。

——弘一大師《格言別錄》

什麼是忍？中國人對於「忍」有特殊的理解，通常認為，所謂的「忍」是「忍辱」。我們常說忍辱負重，沒有忍辱，就不能負重，沒有忍耐，就做不成事。為什麼要忍呢？因為忍可以避免我們受到許多無謂的困擾和傷害。在我們還沒有強大的時候，就需要學會忍耐，這是一種生存的智慧，小不忍則亂大謀。在我們變得很強大時，也要學會忍，這是一種人生的氣度與涵養。

一位西方學者曾經說過：「忍耐和堅持是痛苦的，但它會逐漸給你帶來好處。」一個人要獲得某方面的成就，必須學會忍耐。從某種程度上說，忍耐是成就事業所必需的。在有些人眼中，忍耐常常被視為軟弱可欺。實際上忍耐是一種修養，忍耐是經歷了暴風雨的洗禮後，自然所生的一種涵養，忍耐能夠磨練人的意志，使人處世沉穩，面臨厄運泰然自若，面對毀譽不卑不亢。

弘一大師曾說：「己性不可任，當用逆法制之，其道在一『忍』字。」有人欺負我們，我們的第一個反應往往是去還擊，他打你一拳，你最好能還他兩拳。所以，我們經常看見，有人為了一點小事就爭得面紅耳赤，打得頭破血流。

在我們的工作和生活中，常常存在著上司『欺負』員工的事情，很多人因為連一點兒氣都不願意受，結果到哪裡都把自己搞得很孤立。其實，和你有一樣經歷的人大有人在，甚至可以說，所有人都和你是一樣的。但為什麼只有你認為自己在受氣？這是因為你不能「忍」。有些事情，忍忍就過去了。

宋代的呂蒙正初次進入朝廷的時候，有一個官員指著他說：「這個人也能當參政嗎？」呂蒙正假裝沒聽見，付之一笑。他的同伴為此憤憤不平，要質問那個官員叫什麼名字。呂蒙正馬上制止他們說：「一旦知道了他的名字，就一輩子也忘不了，不如不知道的好。」

呂蒙正以自己的大度贏得了人們的愛戴。後來那個官員親自到他家裡去致歉，兩人結為好友，相互扶持。

忍耐並非軟弱可欺，恰恰相反，忍耐是心靈強大者的一種自然反應。忍耐是一種君子風度，是一個人胸襟博大的表現。能忍耐的人，往往可以在社會競爭中立於不敗之地。因為，一個缺少忍耐力的人，很容易就被摧折，而有著強大忍耐力的人，則會在風雨中無懼而行，成為笑到最後的人。

世人往往因為不能忍，一句話、一件小事就可以引起紛爭，搞得誰都不愉快。

如果能用一顆淡泊的心對待世上的功名利祿，怒氣自然就小了，也就不會為了一點小小的得失而大發雷霆。

有位青年脾氣很暴躁，經常和別人打架，大家都不喜歡他。有一天，這位青年無意中遊蕩到了大德寺，碰巧聽到一位禪師在說法。他聽完後發誓痛改前非，於是對禪師說：「師父，我以後再也不跟人家打架了，免得人見人煩。就算是別人朝我臉上吐口水，我也只是忍耐地塗去，安心地承受！」

禪師聽了青年的話，笑著說：「哎，何必呢？就讓口水自己乾了吧，何必擦掉呢？」青年聽後，有些驚訝，於是問禪師：「那怎麼可能呢？為什麼要這樣忍受呢？」

禪師說：「這沒有什麼不能忍受的，你就把它當蚊蟲之類的停在臉上，不值得為它打架！」

青年又問：「如果對方不是吐口水，而是用拳頭打過來，那可怎麼辦呢？」

禪師回答：「這不一樣嗎！不要太在意！只不過一拳而已。」

青年聽了，忽然舉起拳頭，向禪師的頭上打去，並問：「和尚，現在怎麼辦？」

禪師非常關切地說：「我的頭硬得像石頭，並沒有什麼感覺，但是你的手大概打痛了吧？」

青年立在那裡，實在無話可說。

所以說，忍耐是一種高深的修行，需用一番工夫才行。弘一大師曾說過：「沖繁地，頑鈍人，拂逆時，紛雜事，此中最好養火。若決裂憤激，不但無益，而事卒以僨，人卒以怨，我卒以無成，是謂至愚。耐得過時，便有無限受用處。」人在紛擾之中容易變得頑固、衝動。但這也正是修身養性的好時機。人做事衝動，性情激烈，不但於事無補，而且還會與人結怨，到頭來一事無成。這是非常愚蠢的。如果忍耐過這一陣子，便可以受益無窮了。

「忍」字是心頭上一把刀，如果忍不住，這把刀就會落下來，傷人傷己。清代的尹和靖說：「莫大之禍，皆起於須臾之不能忍，不可不慎。」災禍往往出於一時的不能忍耐。弘一大師深諳此理，所以「忍耐」貫穿了他的一生。當我們感到憤怒或者遇到逆境時，隨意發脾氣、報復、掙扎都是沒有用的，這樣只會帶來更大的麻煩，讓自己陷入更深的痛苦。而「忍耐」這時候就會發生極大的作用。忍耐能夠讓我們安靜下來，耐心地等待一切不快都過去。

忍耐並非軟弱可欺，恰恰相反，忍耐是心靈強大者的一種自然反應。忍耐是一種君子風度，是一個人胸襟博大的表現。能忍耐的人，往往可以在社會競爭中立於不敗之地。

02 寬恕別人就是善待自己

人褊急，我受之以寬容；人險仄，我待之以坦蕩。

——弘一大師《格言別錄》

弘一大師有一句著名的偈語：「人褊急，我受之以寬容；人險仄，我待之以坦蕩。」大師一生都在身體力行地踐行著這條人生至理。

一九一三年，李叔同在浙江省立第一師範學校任職，教授美術和音樂。在課餘他經常教導自己的學生，不要對別人一些無關緊要的小錯誤總是糾纏不休，結果會弄得大家都不愉快。其實對於無關緊要的小錯誤我們沒有必要去糾正它，放它過去也無傷大雅。因為這樣做不僅為自己避免了不必要的煩惱和人事糾紛，而且也顧及了別人的名譽，不致給別人帶來無謂的煩惱，同時還體現了你做人的大度。

有一次，一個學生發現了教科書上一處因編排失誤而導致的語法偏差，並對此大加斥責，說什麼誤人子弟、不負責任。而這本教科書恰是李叔同親手製作的，在當時的條件之下，編排上的失誤是在所難免的，李叔同完全可以、也有足夠的理由為自己開脫，但他沒有因此說學生在無理取鬧，反而在事後對那個挑錯的學生表揚了一番。

這雖是一件小事，但給學生帶來的影響卻是深遠的。李叔同的人格魅力，通過這件事可見一斑。

其實，寬容不僅是對別人的一種諒解，也是對自我的一種解脫。

女教師鐘斯面對飛馳而來的汽車，毅然推開自己的學生，結果自己深受重傷。但當她知道肇事司機家庭貧困，還有三個孩子正在讀書時，卻毅然向法院請求免於追究肇事者的刑事責任。

肇事者是一位鄉村小學的教師。那天，他剛剛拿到駕照，他駕駛小汽車本打算停車，可迎面突然駛來一輛大卡車，他慌亂中將剎車踩成了油門，才釀成了慘劇。法院當然不會因為鐘斯的求情而減免肇事司機的罪過。但鐘斯的寬恕之心卻引起了人們的廣泛關注，記者還特意採訪了鐘斯。面對鏡頭，鐘斯平和地說：「我本人是教師，對方也是一名教師，車禍不是他故意造成的。我的學生在車禍中差點失去了一位老師，這已經很可悲了，我不想讓他的學生也失去老師。俗語說，愛別人就要像愛自己，寬恕他人如同寬恕自己一樣！」

寬容他人就是寬容自己。生活中，我們往往在小事上，對自己造成的傷害不大的事情上，比較容易原諒，但對已經給自己造成巨大傷害的人，卻很難做到一笑泯恩仇。其實，無論大事還是小事，我們都應該做到原諒。因為原諒別人的目的，還是為了自己好過。

寬容不僅是對別人的一種諒解，也是對自我的一種解脫。

游媽媽是一位癲癇病患者，老伴中風臥床，她從小沒讀什麼書，一家人都靠著她洗衣為生，生活艱辛。但游媽媽很欣慰，因為她有一個懂事的兒子。可是，這個唯一的兒子，在參加一場營火晚會時，不幸被一位喝醉的少年用玻璃瓶殺死了，年僅十九歲。可憐的游媽媽，連兒子的最後一面都沒有見到。她始終無法原諒那個殺害自己兒子的人。仇恨始終如影隨形，讓她痛不欲生。

直到有一天，游媽媽在洗衣服的時候突然想起「仇人」今年也已經十九歲了，和自己的兒子離去的年齡是一樣，如果兒子還活著，應該有美好的前程與希望在等著他，而「仇人」現在還在少年看守所，等他回到社會後，還有什麼發展？將心比心，「仇人」的媽媽也一定很難過。游媽媽突然很想去看看這位「仇人」。在朋友的安排下，她到少年看守所見到了當年殺死兒子的男孩。男孩一見到游媽媽，就緊緊地抓住她的手痛哭起來，不停地說「對不起，對不起」，游媽媽抱著他的感覺就像抱著自己的孩子一樣，她的心裡再也沒有仇恨了。

游媽媽還是以給人洗衣為生，但是她心裡平靜多了，也快樂了許多。

西方有一句諺語說：「懷著愛心吃菜，也要比懷著怨恨吃牛肉好得多。」解決仇恨的辦法不是報復，而是原諒。佛經云：「若有人因無知的恨而害我，我將用無私的愛來度他。」

一位好萊塢女星失戀後，怨恨和報復心理一度使她幾乎精神失控。有一天，她在鏡中發現自己的面孔佈滿了皺紋，表情僵硬，她只好找到美容師幫忙。美容師根據自己多年的經驗告訴她：「如果你不消除心中的怨恨，任何美容術都無法改變你的容貌。」

有人說：「懷著仇恨對仇人實施報復的人，也許對仇人的傷害還不足百分之一，可是他自己卻在用自我懲罰的方式達到了傷害的百分之九十九。」有一句話叫「感謝你的敵人」。最好的報復方法就是忘記仇恨，甚至，對你的仇人說聲「謝謝！」

曼德拉曾因領導反對白人種族隔離的政策而入獄，他被關在大西洋中一個到處是蛇和石頭的羅本島上，一關就是二十七年。

當時，曼德拉被關在集中營的一個鐵皮屋裡，白天被放出來幹活。有時是打石頭，將採石場的大石塊碎成石料；有時要到冰冷的海水裡撈海帶；有時是採石灰的工作，每天早晨排隊到採石場，然後被解開腳鐐，用尖鎬和鐵鍬挖石灰石。

作為要犯，看管曼德拉的看守有三人。他們總是找各種理由虐待年事已高的曼德拉。已經六十多歲的曼德拉經常受著連青壯年都承受不住的勞役和虐待。

一九九一年，曼德拉出獄後，被選為南非總統。而他在就職典禮上的一個舉動震驚了整個世界。

總統就職儀式開始後，曼德拉起身致辭，歡迎來賓。他依次介紹了來自世界各國的政要，然後他說，能接待這麼多高貴的客人，他深感榮幸，但他最高興的是，當初在羅本島監獄看守他的三名獄警也到場了。隨即他邀請他們起身，把他們介紹給大家。看著年邁的曼德拉緩緩站起，恭敬地向三名曾虐待他的看守致敬，在場的所有來賓乃至整個世界，都靜下來了。

曼德拉說：「當我邁過通往自由的監獄大門的那一刻，我很清楚地知道，自己若不能把悲痛與怨恨留在身後，那麼我其實仍身在獄中。」

所以，有人說：對仇人最大的報復就是原諒！曼德拉的博大胸懷和寬容精神，以及他以德報怨的做法，令那些殘酷虐待了他二十七年的白人汗顏，也讓全世界的人肅然起敬。

寬恕一個人，比愛一個人更難，它需要付出更大的勇氣，但唯有寬恕才是解脫心靈的唯一方法。所以，如果有人曾經欺騙了你的感情，傷害了你的親人或朋友，不要一輩子記恨他，試著去忘記那些傷痛，原諒你的「仇人」。失去的永遠都失去了，再怎麼怨恨對方，也不可能讓一切回到原點，懷著仇恨生活，折磨的只是你自己的內心。要幸福，要快樂，就要放下仇恨，釋放了仇恨，才能釋放心靈的痛苦，才能以微笑的面容面對生活！

寬恕一個人，比愛一個人更難，它需要付出更大的勇氣，但唯有寬恕才是解脫心靈的唯一方法。

03 拈花前行，無懼流言譏諷

一九三六年冬，弘一大師由鼓浪嶼日光岩移居廈門南普陀寺。當天，他看到高勝進在廈門《星光日報》為他出的特刊，介紹了他的生平事蹟。他看了，沉默不語。到晚上，才皺著眉頭，對隨侍弟子傳貫說了一番極發人深省的話。他說：「勝進他們雖然是出於好意，但其實是對我的誹謗。古人說：聲名是誹謗的媒介。看來，我以後在閩南恐怕難於容身了。」說到這裡，他靜默了好一會兒，又轉了語氣說：「若被人誹謗，切切不可分辯。我常見有人被誹謗，就分辯解釋，多受了虧。你不分辯，一謗便罷，更無餘患。」

他說起當年在日本，為了公演《黑奴籲天錄》，曾讀過美國南北戰爭的歷史，那時候領導解放黑奴的林肯，曾說過這樣一段話：「倘若我要盡讀報紙對我的誹謗，勢必沒有剩餘的時間與精力去辦事，這辦公室就只好關門了。我盡我所知而認為是最善的，便盡我所能去做。我就這麼拿定主意直做到底。倘若結果是錯誤的，那麼，就是有十個天使稱讚我，於我無益；要是結果是對的，那麼，即使現在人人說我壞話，於我無損。」

弘一大師認為，面對別人的誹謗、譏笑、誤解等，最好的方法就是沉默，不解釋，任流言自然消亡。一九三七年晚春，大師應邀去青島湛山寺講律，開示《律己》時，也講到「息謗」。他說，怎樣息謗呢？就是「無辯」。人要是受了誹謗，千萬不可分辯，因為你越分辯，誹謗反而弄得越深。比如一張白紙，偶然誤染了一滴墨水，這時你不要動它。你不動它，它就不會再向四周暈開。倘若你立時想要它乾淨，一個勁地去擦拭，那麼，墨水一定會擴大面積，玷污了一大片。

只要我們還活著，只要我們還要和人打交道，那麼，被人說「閒話」就是不可避免的。有些閒話無傷大雅，有些卻是捕風捉影的造謠中傷。流言止於智者，面對流言，一笑置之遠比極力辯解要好得多。「清者自清，濁者自濁」，流言最怕真相，在恰當的時候，我們擺出事實，敞開大門，流言自然無處遁形。在工作和生活中，遭遇流言是難免的事。我們不必理睬造謠生非者，也無須懼怕那些閒話，當我們不為閒話所左右，閒話對我們來說也就毫無意義了。

布袋和尚曾說過一句話：「有人罵老拙，老拙自說好；有人打老拙，老拙自睡倒；有人唾老拙，由它自乾了；你也省力氣，我也少煩惱。」我們有太多的煩惱，都是因為人與人之間的閒話引起的。我們總是在乎別人怎麼說、怎麼看，擔心自己哪一句話說得不好被人家挑理，害怕自己的一些不得體的行為被人們嘲笑。於是，怕被別人責怪而自責、怕被別人取笑而自卑、怕難堪而自閉。或者為那些閒話你來我往，糾紛不斷。

面對別人的誹謗、譏笑、誤解等，最好的方法就是沉默，不解釋，任流言自然消亡。

有一個小和尚向師父訴說自己的苦惱，因為師兄弟們老是說他的閒話，搞得他不能好好念經，天天為那些閒話而憂心忡忡——不知道今天師兄弟們又要說他什麼閒話？

「師父，你一定要管管了。他們怎麼可以隨便說別人的閒話呢？」

師父雙目微閉，輕輕說了一句：「是你自己老說閒話。」

「才不是，是他們瞎操閒心。」小和尚不服。

「不是他們瞎操閒心，是你自己瞎操閒心。」

「不，明明是他們多管閒事。」

「不是他們多管閒事，是你自己多管閒事。」

「師父為什麼這麼說？我管的都是自己的事啊！」

「操閒心、說閒話、管閒事，那是他們的事，就讓他們說去，與你何干？你不好好念經，老想著他們操閒心，不是你在操閒心嗎？老說他們說閒話，不是你在說閒話嗎？老管他們說閒話的事，不也是你在管閒事嗎？」小和尚茅塞頓開。

別人怎麼看你、怎麼說你，並不重要，重要的是自己怎麼看，根本不必為他人的口舌而煩心。別人說什麼，你想攔也攔不住，對於閒言碎語不妨採取豁達與漠視的態度來對待。風吹雨過，煙霧自然消散，天地間原本是如此澄明，何必在意別人說什麼呢？原本清白的你，有可能因為閒話而越辯越黑，為別人的閒話把自己的前途和幸福都賠進去，就更不值得了。

佛說：「立身不高一步立，如塵裡振衣，泥中濯足，如何超達？處世不退一步處，如飛蛾投燭，羝羊觸藩，如何安樂？」要想在是非中撇清自己，談何容易？與其百口難辯，還不如不置一詞，任其自生自滅。俗話說：「沉默是金。」面對詆謗，何妨以沉默作答，隱忍一下，待到日後真相大白，毀謗自然煙消雲散。

相傳，佛祖釋迦牟尼在世時曾一度遭到別人無理的謾罵和誹謗。然而，每次釋迦牟尼總是心平氣和地保持沉默。一天，那個人遇到了釋迦牟尼，再次對他口出污辱，言語十分不堪。佛祖依然故我，好像沒有聽到似的。等到對方罵累了，他才問那個人：「我的朋友，如果一個人送東西給別人，對方卻不接受的話，那麼那個東西是屬於誰的呢？」

「當然是那個送東西的人啦！」那個人不明就裡地答道。

「你一直在罵我，如果我不接受的話，那麼那些話是屬於誰的呢？」那個人一時語塞。

裝聾作啞，並不是心虛，而是不願意理、不屑理，不值得為流言去動氣，去浪費我們的精力。誹謗你的人，就是想看你氣急敗壞的樣子，等著你回擊，以便找藉口對你下手。如果你不動聲色，毫無反應，那麼，不開心、坐立難安的就是誹謗者自己了。

唐代詩僧寒山問拾得禪師：「今有人侮我、辱我、慢我、冷笑我、藐視我、詐欺我、毀我、傷我、嫌我、恨我，則奈何？」拾得禪師回答：「子但忍受之、依他、讓他、敬他、避他、苦苦耐他、裝聾作啞、漠然置他、冷眼觀之，看他如何結局。」

如果人人都能達到如此境界，相信再惡毒的流言也會望而卻步。對流言漠然視之，就如同把謾罵與詛咒原封不動地還給流言製造者一樣，在謾罵聲中，我們依然可以拈花前行，活得自在逍遙。

裝聾作啞，並不是心虛，而是不願意理、不屑理，不值得為流言去動氣，去浪費我們的精力。

04 不抱怨，心中無嗔便是淨土

不嗔，嗔習最不易除，「一念嗔心，能開百萬障門」。可不畏哉！

——弘一大師《改過十訓》

什麼是嗔？嗔包括一切及各程度的鬱悶、煩躁、生氣、排斥、反感、厭惡、嗔恚、吝嗇、嫉妒、追悔、憂愁、悲傷、痛哭、惡念、仇恨、惱怒、怨恨、暴怒、毀滅等負面情緒。嗔的特相，是排斥、反擊、兇惡、殘暴。弘一大師認為，「一念嗔心，能開百萬障門」，人一旦有了嗔心，就會失去理智，失去正確的判斷力。因此弘一大師認為「嗔心」是要不得的，一旦養成嗔習就很難戒除，所以，我們要時刻警惕自己，不可讓嗔心來破壞我們的情緒和心智。

每天我們都可能生出無數嗔念，甚至時時刻刻都要謹防嗔念的產生。任何不好的情緒都是嗔念，無論你的嗔念是否理由充分，都是要不得的。比如，愛乾淨的人看到別人把屋子弄亂了就會去責怪，這就是嗔念。嗔念會讓我們心境不平和，傷身傷神，對我們沒有絲毫好處。所以，一旦出現嗔念之心，我們就要趕緊想辦法戒除。

弘一大師的身體不好，每次出門都要坐人力車。有一次，車伕索價高了些，隨行人員便同車伕討價還價，乃至爭執了起來。法師向來不同人討價還價，聽到隨行人員與車伕爭執後，便不高興，一直勸隨行人員按索價付車費。而弘一大師回到寺裡後，就立刻很生氣地將禪門關緊，說是要斷食。連送去的飯食也不肯食用。曇昕法師聽說後，急忙與寺中的傳貫法師商量，要勸弘一大師不要斷食。兩個人一起來到弘一大師的房子，一直叫門，大師都不開門，直到晚上才打開房門。因為法師過午不食，所以晚上開門對斷食全無影響。弘一大師說起自己斷食的緣由，「唉！你不曉得，我們出家人一發了脾氣，如沒有斷食，把動怒的心壓制下來，就會墮入惡趣。」他說時神情莊重肅穆。

弘一大師斷食，是為了要平息自己的嗔怒。我們平時如果一時忍不住，讓自己動了嗔心，也需要在事後自己反省，找一個安靜的空間，把自己剛才發怒的情節再想一遍，想想如果換一種方式處理會怎樣。下一次，遇到同樣的事，你就不會輕易發火了。

一旦養成嗔習就很難戒除，所以，我們要時刻警惕自己，不可讓嗔心來破壞我們的情緒和心智。

有兩個修行很高的禪師，經常在一起論佛。他們一個叫坦山，一個叫雲升。坦山放浪不拘小節，雲升為人莊重，不苟言笑。有一天，坦山正在喝酒，雲升正好來看他。坦山便邀請雲升一起喝，雲升拒絕了。坦山說：「連酒都不喝，真不像人！」

雲升聽後大怒，質問說：「你為什麼罵人！」

坦山疑惑地說：「我並沒有罵你！」

雲升說：「你說我不會喝酒就不像人，這不是明明在罵我嗎？」

這時，坦山緩慢地說：「你的確不像人。」

雲升更生氣地說：「好！你罵我，我不像人像什麼？你說！你說！」

坦山說：「你像佛。」雲升啞口無言。

可見，連高僧都會有嗔心，有無嗔心是觀察一個人修養高低的關鍵。一個人無論有多高的學識，如果不能戒除嗔念，他就無法成為一個有涵養的人。

《黃帝內經》中說：「喜怒不節，則傷髒，髒傷則病起。」當人憤怒時，交感神經興奮增強，從而使心率加快、血壓升高，所以經常發怒的人容易患高血壓、冠心病，而且易使病情加重，甚至危及生命。

有位智者曾經說過：「不要在生氣的時候做任何決定。」

試想一下，有多少錯誤的決定和行為都是在生氣的情況下做出的？發怒時，人的情緒往往不受理智控制，舉起手來就打人，別人的解釋也聽不進去。待氣消了，後悔自己先前太衝動，但苦果已經釀成，後悔也來不及了。

有一位經理，因妻子忘記調鬧鐘，早上起來晚了，發現上班快要遲到了，便急急忙忙地開著車往公司狂奔。為了趕時間，他連闖了幾個紅燈，最終在一個路口被員警攔了下來，開了罰單。到了辦公室之後，這位經理猶如吃了槍藥一般，看見桌上放著幾封昨天下班前便已交代祕書寄出的信件，更是氣急敗壞。他把祕書叫了進來，劈頭就是一頓臭罵。祕書被罵得很不爽，拿著信件，走到總機小姐跟前，沒由來地狠批一頓。總機小姐被罵得心情惡劣之至，便找來公司職位最低的清潔工，借題發揮，對清潔工人沒頭沒腦地又是一頓指責。清潔工沒有人可以發洩怒氣，憋著一肚子悶氣無處發洩。待下班回到家，看到讀小學的兒子正趴在地上看電視，衣服、書包、零食滿地亂丟，遂把兒子狠狠地教訓了一頓。兒子電視也看不成了，憤憤地回到自己的房間，見到家裡那只大懶貓正趴在房門口呼呼大睡，一時怒由心中起，狠狠地踢了牠一腳，貓尖叫一聲，飛快地逃走了。

因為生氣，我們對人說話時，往往不夠冷靜和寬容，甚至本來很平常的一件小事，因為生氣，做出了錯誤的決定，因小失大。當然，這些因為生氣造成的後果還是輕的。甲和乙因為小事吵架，甲一怒之下，拿起身邊的一根棍子，一悶棍把乙打成了植物人。這樣的事情在生活中更是屢見不鮮。本來因為小事卻搞出人命來，這都是一氣之下、一時衝動造成的。所以，人在生氣的時候，不要做任何決定。

控制自己的憤怒情緒的確是件非常不容易的事情，要具備這種能力，有幾個基本方法：

◎請反復分析你的行動可能帶來的嚴重後果。

◎無論如何，你都要按照符合你最大利益的決定行動。

◎在發怒的時候，要學會轉移自己的怒氣，數數或者暗示自己平靜下來，都是好辦法。當然，最好是保持良好心態，讓自己別輕易發怒。

◎保持平和心態，在生氣時，不要用力踩踏地板，不要大喊大叫，不要緊握拳頭，因為當你這樣做時，你的潛意識可能會不經你的大腦，就將你的拳頭揮出去。在心情激動之時，可以靜坐下來，降低音調，情緒就會逐漸穩定。

嗔怒來得快，去得也快，因此，當我們發怒的時候，一定要學會克制。當你發覺自己的怒氣有可能無法控制時，不妨先離開讓你生氣的場合，或者去做別的事情轉移你的注意力。尤其是在事情沒弄清楚之前，千萬不要亂發脾氣。無論你如何憤怒，都不要做出任何無法挽回的事來。

平時如果忍不住，讓自己動了嗔心，也需要在事後自己反省，找一個安靜的空間，把自己發怒的情節再想一遍，想想若換一種方式處理會怎樣。下次，遇到同樣的事，就不會輕易發火了。

05 少一份爭執，多一份從容

汝雖於淨土法門，頗生信心；然猶有好高騖勝之念頭，未能放下，而未肯以愚夫愚婦自命。

——弘一大師《晚晴集》

一位著名的企業家說過：「不要輕易和人發生爭執，爭來爭去不僅會傷了彼此的和氣，還會平添無謂的煩惱。」言語上的爭執，並不能使我們得到什麼。相反，還會讓我們失去平靜解決事情的機會，造成不必要的麻煩和後果。

人與人之間難免發生摩擦，產生爭執。愛計較的人，有一點兒矛盾就抓住不放，為此弄巧成拙。某電視台報導了這樣一個事件：在一座橋上，兩輛轎車因為擁堵發生了小小的爭執。結果，兩車上的司機互相指責，先是發生了口角，後來竟然大打出手，最後兩個人都頭破血流、住進了醫院。

在上下班高峰時，人多車擠，雙方車輛發生一點兒小摩擦，這都在所難免，但雙方卻因此爭執不下，終至釀成苦果。暫且不論到底誰錯在先，誰違反了交通規則，單就爭執這件事本身就很值得反思。其實，靜下心來想一下，人生在世，人與人之間很少會有什麼不共戴天的仇怨。但偶爾與人發生一些小的摩擦，卻是常有之事。

有人曾經做過統計，幾乎百分之九十的刑事案件都是因為小事而爭執引起的。許多夫妻之所以離婚，也是因為雙方永無休止的爭執。為了一些瑣碎的生活小事，夫妻雙方各執一詞，互不相讓，最終使本來美滿的家庭走向了破裂。

所謂「忍一時風平浪靜，退一步海闊天空」，對於一些非原則性的爭執，我們還是少些爭執為妙。有位情感專家曾勸誡那些年輕的夫妻：「如果有一天，當你跟愛人發生爭執，你就讓他贏，他又能贏到什麼？所謂的輸，你又輸掉了什麼？這個贏和輸，只是文字上罷了，我們大部分的生命都浪費在語言的糾葛中。其實，在很多時候，爭執並沒有留下任何輸贏，卻失去了很多本應珍惜的感情！」

因此，我們要學會放下自我，於人於己，少些無謂的爭執。只有這樣，我們才能騰出時間，從容地面對真正的挑戰，才能集中精力做一些有意義的事情。

顏回是孔子的得意門生。有一次顏回看到一個買布的人和賣布的人在吵架，買布的大聲說：「三八二十三，你為什麼收我二十四個錢？」

顏回上前勸架，說：「是三八二十四，你算錯了，別吵了。」

那人指著顏回的鼻子說：「你算老幾？我就聽孔夫子的，咱們找他評理去。」

顏回問：「如果你錯了怎麼辦？」

買布的人答：「我把腦袋給你。你錯了怎麼辦？」

顏回答：「我把帽子輸給你。」

倆人找到了孔子。孔子問明情況，對顏回笑笑說：「三八就是二十三嘛。顏回，你輸了，把帽子給人家吧！」

顏回不知道老師葫蘆裡賣的什麼藥，只好把帽子摘下，交給人家。那人拿了帽子高興地走了。

待人走後，孔子告訴顏回：「說你輸了，只是輸一頂帽子；說他輸了，那可是一條人命啊！你說帽子重要還是人命重要？」

明明對方錯了，卻不爭不鬥反而認輸，雖然自己吃點小虧，但使別人不受損，我們在生活中其實也做過很多類似的讓步。比如，上司明明錯了，你還得忍氣吞聲，點頭贊同上司；父母年紀大了，你明知他們的觀點不對，但你還要服從他們。我們作出讓步的同時，心裡一定都不痛快，因為我們認為這是忍讓，是屈從。因為我們太多次對強權和強者忍讓，所以，對那些不如我們的弱者反倒咄咄逼人，反而不願意忍讓。

真正的忍讓是發自內心的，是一種快樂和解脫。比如，一大早你就出門，迎面卻被一輛三輪車撞了一下。三輪車主很害怕，你卻只是輕輕地說：「沒事，你走吧！」事後，你對朋友說：「看他怪可憐的，一大早就去拉貨挺不容易的，賠我一件衣服他一天就白做了。」你的寬容會讓你從心底感到快樂。

贏和輸，只是文字上罷了，我們大部分的生命都浪費在語言的糾葛中。其實，在很多時候，爭執並沒有留下任何輸贏，卻失去了很多本應珍惜的感情！

放下小筆記

在人生的旅途中，要學會放下遭遇過的各種不幸、挫折、失敗、痛苦……只有這樣，才能騰出心靈的空間去感受生活的美好。

Part 4
放下放下，越放下，才能越快樂

在人生的旅途中，要學會放下遭遇過的各種不幸、挫折、失敗、痛苦……只有這樣，才能騰出心靈的空間去感受生活的美好。

01 別讓欲望綁架了你的心

人必須控制自己的欲望，要想自己過得安穩自在，沒有煩惱，就要做到減少欲望。
——弘一大師

「欲望像海水，喝得越多，越是口渴。」欲望過多，不加節制，便成了貪婪。欲望會不知不覺地控制我們的心智，綁架我們的心靈，使人一步步走進欲望設下的陷阱裡。

在一條偏僻的老街上，有一家鐵匠鋪，裡面住著一位老鐵匠。如今，已經沒有人打製鐵器了，老鐵匠只好改賣鐵製的生活用品，比如鐵鍋、斧頭等。生意很冷清，大半天也來不了一位顧客。於是，人們經常看到老人一手拿著一把扇子，一手舉著一把紫砂壺，坐在店門口喝茶，聽收音機。老人從來不主動招呼生意，開這個店，更多的是為了打發時間，賺錢倒在其次。他老了，掙的錢夠自己喝茶和吃飯就行了，他很滿足。

有一天，一個古董商人從老鐵匠的店鋪門前經過，不經意間看到老鐵匠手裡的紫砂壺。他一眼就看出，那是一把罕見的古董紫砂壺。再仔細觀察，他認定，這是清代製壺名家戴振公的作品，戴振公素有「捏泥成金」的美名，據說他的作品現在僅存三件。難道世上還有第四件嗎？古董商人徵得老人同意後，端起那把壺仔細端詳起來，果然沒錯，就是戴振公的作品。

古董商人二話不說，出價十萬元要從老人手裡買下這把壺。老鐵匠聽到這個報價瞪大了眼睛。這把壺是他的爺爺的爺爺留下來的，他從來不知道，一把泥做的茶壺會這麼值錢。不過，他拒絕了古董商的請求。這是祖傳之物，他不能賣。

壺雖然沒有賣成，但古董商走後，老鐵匠有生以來第一次失眠了。他端著茶壺左看右看，以前他喝茶時，茶壺隨便往身邊一放，想喝時，捏著壺把往嘴裡一送。現在，他總是害怕自己不小心把壺撞了，碰了。他的心思都在茶壺上，忘了茶的味道，忘了聽收音機裡的相聲，忘了看門外悠閒的風景。

更煩人的日子還在後頭，鎮上的人聽說老人有一把價值連城的茶壺後，門檻都快被踏破了。晚上經常有人推他家的門。老人怕壺被人偷走，不得不加固了大門。

就這樣，原本一把普通的紫砂壺搖身一變成為古董之後，老人的生活徹底被攪亂了。過了一段時間，商人再次帶著二十萬元現金登門，老鐵匠再也坐不住了。他招來左鄰右舍，拿起一把斧頭，當眾把那把紫砂壺砸了個粉碎！從此，老人又恢復了喝茶聽收音機的平淡日子，只是那把名貴的紫砂壺換成了一把普通的紫砂壺。

就這樣，老人端著這把普通的紫砂壺安然活到了一百二十歲。

由茶壺引起的一系列連鎖反應讓老人的日子亂了套。故事中的老人，意識到讓自己不快樂的原因是茶壺時，竟然願意砸碎價值不菲的茶壺，這是許多人難以理解的。其實，再多的錢財，也不過是身外物，有它，我們每頓吃一碗飯；無它，我們每頓也是一碗飯。只要我們的心靈能夠寧靜快樂，有多少錢並不重要。印度詩人泰戈爾說過：「如果鳥兒的翅膀綁上了金子，那麼它肯定飛不高。」

人每天要面對許多誘惑，它們以不同的面目和藉口引誘我們成為它們的俘虜。而世人卻常常不知道自己不幸的來源。

有一位法師一輩子做好事、做功德、蓋廟、講經說法，自己雖沒有打坐、修行，可是他功德大。他年紀大了，就看到兩個小鬼來捉他，那兩個小鬼在閻王那裡拿了拘票，還帶了刑具手銬。這個法師說：「我們打個商量好不好？我出家一輩子，只做了功德，沒有修持，你給我七天假，七天打坐修成功了，先度你們兩個，閻王我也去度他。」那兩個小鬼被他說動了，就答應了。這個法師以他平常的德行，一上座就萬念放下了，廟子也不修了，什麼也不做了，三天以後，無我相、無人相、無眾生相，什麼都沒有，就是一片光明。這兩個小鬼第七天來了，看見一片光明卻找不到他了。

完了，上當了！這兩個小鬼說：「大和尚你總要慈悲呀！說話要有信用，你說要度我們兩個，不然我們回到地獄去要坐牢啊！」法師大定了，沒有聽見，也不管。兩個小鬼就商量，怎麼辦呢？只見這個光裡還有一絲黑影。有辦法了！這個和尚還有一點不了道，還有一點鳥的，那是不了之處。

因為這位和尚功德大，皇帝聘他為國師，送給他一個紫金缽盂和金縷袈裟。這個法師什麼都無所謂，但很喜歡這個紫金缽盂，連打坐也端在手上，萬緣放下，只有缽盂還拿著。兩個小鬼看出來了，他什麼都沒有了，只這一點貪還在。於是兩個小鬼就變成老鼠，去咬這個缽盂，老鼠一咬，和尚動念了。一動念，光沒有了，就現出身來，他倆立刻把手銬銬上。和尚很奇怪，以為自己沒有得道，小鬼就說明經過，和尚聽了，把紫金缽往地上一摔。好了！我跟你們一起見閻王去吧！這麼一下子，兩個小鬼也開悟了。就是這一個故事，說明除貪之難。

人只要有欲望，就有可能被欲望控制心智。比如，有一個貪官對什麼都不在乎，就是愛收藏。有的人送錢給他，他不要，可一旦有人送來珍貴的文物字畫，他就再也放不下了。你控制不了欲望，欲望就會來控制你。

弘一大師曾經講過這樣一個故事：

杭州有個名叫葉洪五的孩童，九歲時突然遭噩夢侵襲，驚坐而起，吐血不止，病倒了。他一直未能痊癒，任家裡用了多少辦法，都治不好。洪五聰明伶俐，家人都非常疼愛他，看他病重不癒，非常擔心，不是送來財帛，就是送來珍貴的藥材。但是他的病情仍未有半分起色。他的祖母暗暗傷心，遂傾盡所有的財帛買物放生，想要積累功德，沒想到洪五反而因此痊癒了。

弘一大師借著這個故事告訴人們：一個人不要將錢財看得太重，太過愛財，心情鬱結，連疾病都不容易痊癒，而錢財一旦被當成身外之物，人自然就會變得輕鬆，百病不生。戒貪，一直以來都是佛教的一戒。佛教中人的十指相合手勢，便是教導世人不要讓金錢腐蝕了人的內心之意。

金錢對於我們的生活來說，的確很重要，但我們必須清楚金錢並不是萬能的。賺錢的目的是讓自己的生活過得更好。但錢不是神，而是僕人，如果一個人被金錢奴役，反而成了金錢的奴隸。要明白：金錢並不是生活的全部，生活中有比金錢更重要的東西。

欲望過多，不加節制，便成了貪婪。欲望會不知不覺地控制我們的心智，綁架我們的心靈，使人一步步走進欲望設下的陷阱裡。

02 放下包袱，讓心靈輕裝前行

金錢、聲色、名利，這些世人追求的東西，即使擁有再多也不會感到滿足。它們是使人們墮入地獄苦海的工具，我們要厭惡它們、拋棄它們，只有這樣才能擺脫這些東西的束縛，自己的身心才能自在。

——弘一大師

從前，有個和尚，外出化緣時身上總是帶著一個布袋，於是人們就叫他「布袋和尚」。每次，布袋和尚空著布袋出去化緣，都會揹著滿滿一布袋回來。後來，布袋和尚嫌一個布袋不夠用，就又帶了一個布袋出門化緣。

這一天，他背著沉甸甸的兩個大布袋往寺裡走，可是布袋太重，走到半路就揹不動了。於是，他便背靠著一棵大樹坐下休息。不一會兒，睏意就上來了，他迷迷糊糊地睡著了。睡著睡著，他突然聽到有人在耳邊說：「左邊一個布袋，右邊一個布袋，放下布袋，何其自在。」聽完這句話，布袋和尚就醒了。醒來後，他細細回味著夢裡的那句話：是呀，我左邊一個布袋，右邊一個布袋，沒走幾步就累得不行了，如果把布袋放下，那不是很輕鬆嗎？於是，他放下了兩個布袋，當下頓悟了。

以淡泊之心處世，才能真正做到放下。其實，說到底，人生的幸福與苦惱也無非是衣食住行、功名利祿，有過多的欲望折騰著自己，總想找到一個出口，然而卻不斷地迷路。就算偶爾興奮也只是小人得意的淺薄，歡笑之後的痛苦只有自己品嘗。當你捨棄浮華，放下包袱，輕鬆上路的時候，你會感到從來沒有過的開心與自在，這就是簡單與質樸的生活，每一個人都應該好好去享受。

就是一張紙，舉的時間久了，人都要受不了，更何況是生活中一個又一個不順心的事，那何止是幾千張紙的重量。人如果不學會放下，一張紙的壓力也會把你壓倒。也許有人會說，你沒遇到我的事，要是你遇上了，一樣會受不了。但受不了，不等於放不下。既然舉不動它，為什麼不放下呢？你扛著麻包，說，這是沒辦法的事，因為你要養家，你扛著你的失敗和痛苦，又做什麼呢？你根本不需要它們。你說，雖然我不想要它們，但它們還是來了。扛著麻包，你可以放下來休息一會兒再扛上去，可是失敗和痛苦你能不能放下來一會兒再扛上去呢？你肯定說，不能。雖然不能，但是，你卻可以把它們像丟垃圾一樣處理掉。

一個年輕人揹著巨大的包裹，不遠萬里去拜訪一位禪師。

禪師問：「你的包裹裡都放了什麼？」

年輕人回答：「是我以往經歷的痛苦、挫折……」

禪師點了點頭，帶著年輕人坐船渡江。上岸後，禪師說：「扛上這條船，我們繼續趕路吧！」

年輕人不解：「大師，船這麼重，我怎麼可能扛得動呢？」

禪師笑了，說道：「你說得沒錯，船是過河的工具，過河之後我們就要把它留在岸邊，腳步輕鬆地前進，如果我們還要揹上船一塊兒走，就寸步難行呀！」

年輕人當下頓悟。

這個年輕人在尋求人生真諦的路上飽經磨難，嘗盡了人生百味，他把所有的痛苦、經歷都視為人生的財富裝在行囊中，但他忘了一點，真正的財富是從痛苦中吸取經驗和教訓，而非痛苦本身。想要走得更遠，對人生體悟得更深刻，就要學會放下，輕裝上路。

在人生的旅途中，要學會放下遭遇過的各種不幸、挫折、失敗、痛苦……只有這樣，才能騰出心靈的空間去感受生活的美好。

人生就像是一場旅行，每個人都希望自己的旅程是快樂的、輕鬆的，那唯一的辦法，就是放下包袱，丟棄多餘的負擔。什麼是多餘的負擔呢？有些人為了輕裝上路，把責任和道義扔下，這是一種錯誤的取捨。只有那些與當下無關的痛苦和憂傷，那些我們再也用不到的或多餘的財物，才是負擔。而人的職責、人性、正義這些，即使有千斤重也絕不能將它們從肩上卸下。除了這些，人生再沒有更重要的東西，即使你此刻一無所有，對你的人生也毫無影響。放下也許會有遺憾，會有傷感，但是卻會讓我們生活得更加淡定和安然。

我們揹著理想、感情、責任和道義，忙忙碌碌，疲於奔波，不能停步，不敢懈怠，也不敢輕言放棄。於是，身上的包袱越來越多、越來越重，如果我們不適時地放下一些東西，那麼，最終會壓得自己身心疲憊，勞累不堪。

放下了，也就輕鬆了。可是，在我們的現實生活中，放不下的東西多之又多。

有一個《蝜蝂傳》的寓言，講了一個很耐人尋味的小哲理：

蝜蝂是一種喜愛揹東西的小蟲子。它在路上爬行的時候，只要遇到東西，它總是抓過來就揹到身上。它的背很不光滑，因此東西堆上去不會散落，東西越揹越重，但它即使累得爬不動也不肯扔掉背上的東西。有人可憐它，替它去掉背上的東西。可是，蝜蝂只要還有一點力氣，就會把東西再揹上去。它還非常喜歡往高處爬，用盡了力氣也不肯停下來，結果常常摔死在地上。

很多人就像蝜蝂一樣，喜歡把什麼都揹在背上。別人無意中說的一句壞話，看他的一個不太友善的眼神，都會壓在他的心頭，動不動就翻出來體味一番，抱怨一番，痛苦一番。這樣的人生怎麼會快樂呢？

常言道：「舉得起放得下的是舉重，舉得起放不下的叫做負重。」生活是無奈的，有時它會逼迫你不得不交出你不想失去的東西。比如你深愛的人決意要離開你，你必須離開喜歡的工作崗位。你以為失去了它們，你的人生從此將一無所有，灰暗無光。這是因為你沒有放下。放下不等於放棄，放下也並不意味著失去。放下，意味著你的人生將重新開始。放下昨天的感情，意味著我們將獲得另一段更為真摯的感情；放下昨天的事業，意味著你將重新開始另一份更適合你的事業。

明明已經不快樂了，為什麼還不放下？因為貪心的本性使然，因為害怕放下便一無所有，因為你曾經為之付出太多的努力。但無論哪種原因，如果你意識到你已經不適合再背負著這些東西，甚至你的身體已經向你發出警告時，再不放下，就晚了！

有人會說：我為什麼要放下，感情是我用很多付出爭取來的，錢是我用汗水賺來的，這一切的一切，都來之不易！可是，如果它們已經讓你感到身心疲憊、喘不過氣時，你覺得這些得之不易的東西對你來說還有幸福可言嗎？如果沒有了，為什麼不放下？就像一堆發黴的食物，就算它是你從天上摘下來的蟠桃，你也得把它們扔到垃圾桶裡。再好的東西，如果它們已經壓得你喘不過氣來，也不過是一堆垃圾。

放下不等於放棄，放下也並不意味著失去。放下，意味著你的人生將重新開始。

03 心被外物所牽你才會受煎熬

不為外物所動之謂靜，不為外物所實之謂虛。
——弘一大師《格言別錄》

弘一大師在講經說法時曾提到智者大師的一句話：「世間色、聲、香、味常能誘惑一切凡夫，令生愛著。」他解釋說：「色、聲、香、味、觸是五塵，屬於物質，再加上一個『法』，名為六塵，法屬於知識。眼所見者為色，耳所聞者為聲，鼻所嗅者為香，舌所嘗者為味，身所接觸者為觸。這都是外面的環境，容易迷惑人，令人生起貪嗔癡慢。為了追求物欲享受，使人生起愛著，一愛一執著，毛病就來了。心被境界所轉，即是凡夫。」

大師剛出家那陣子，住在浙江的一座古寺中修行。寺裡的老和尚派了一個小和尚照顧他。其實，大師吃飯的碗碟向來都是自己洗，桌子自己擦，居室自己掃，自己洗衣服，自己補衣服，洗臉漱口的用水也是自己打取的，是不需要人照顧的。大師不忍拒絕老和尚的心意，便只好接受了這份盛情。好在他只是在此暫住個把月。一天，照顧大師的小和尚看牆上新貼著一張紙條，上書：

無盡禪師偈句：

一池荷葉衣無盡，數樹松花食有餘。
深恐世人知住處，為移茅捨入深居。

小和尚似要問什麼，卻沒好意思張口，只是看著字條出神。大師便輕聲問他：「看得懂嗎？」小和尚恭敬回答：「字懂得，就是意思沒懂。」

大師親切地說：「這是無盡禪師出家時寫的偈句，說的是一個出家人，應該以學佛修道為本，不要為衣食所累。日中一食，樹下一宿，是出家人的本色。我福薄業重，又出家未久，深恐為在俗時的虛名所擾，故常擇居偏僻茅捨，以避聲華。無盡禪師『深恐世人知住處，為移茅捨入深居』這兩句，我很喜歡，所以手錄牆壁，用以自加做戒。」

大師到深山中修行，是因為覺得自己的修行不夠，恐為世俗人情打擾，難免心念不一。那麼，我們平常人想在俗世保持清靜之心，不被外物所擾就更是難上加難了。

美國著名小說家塞林格的《麥田裡的守望者》被認為是美國文學的經典，總銷售量已超過千萬冊。在成名之後，塞林格不是像常人那樣，住豪宅、穿華衣、開名車，而是選擇過深居簡出的隱居生活。他退隱到新罕布什爾州鄉間，在一個風景秀麗的地方買了九十多英畝土地，在山頂蓋了一座小屋，房屋的周圍都種上樹木，屋外攔著將近二米高的鐵絲網，網上還裝有警報器。他每天早上八點半帶了飯盒入內寫作，下午五點半才出來，在此期間，家人不能來打擾他，如有要事，只能電話聯繫。

他偶爾去小鎮購買書刊，有人認出他，他馬上拔腿就跑。有人登門造訪，得先遞上信件或便條，如果來訪者是生客，就拒之門外。他從不接受媒體的採訪，成名後，只回答過一個記者的問題，那是一個十六歲的女中學生為給校刊寫稿特地去找他的。

誠然，塞林格的與世隔絕也是很奢侈的。畢竟，那九十多畝的土地和裝著鐵絲網的小屋就不是一般人可以買得起的。

一位禁欲苦行的僧人，到山中去隱居修行。有一天，他發現自己唯一的一件換洗衣服破了一個洞。於是就到山下的村莊向村民要來一塊布縫補。回到山中，過了幾天，他發現原來茅屋裡有一個鼠洞，衣服就是被老鼠咬破的。為了防止老鼠再咬破衣服，他到山下向村民討來一隻貓。貓需要吃食物，於是，他又向村民要了一頭乳牛，每天擠牛奶餵貓。但是，每天要照顧小貓和奶牛影響了他的修行，他便到山下尋來一個流浪漢，請流浪漢代替自己照顧貓和乳牛。為了吃飯，流浪漢又在山上開了一片地，種了一些作物。過了一些日子，流浪漢說：「我需要一個老婆。」事情可想而知，有了女人，接下來便是孩子，有了老婆孩子便需要更大的房子，種更多的地，養更多的乳牛……到了後來，整個村莊都搬到山上去了。

這個苦行僧只為了一件衣服便新造了一個村莊，想修行也不可能了。欲望就像一條鎖鏈，一個牽著一個，永遠不能滿足。

欲望是人性中的一部分，無法泯滅，我們所能做的，就是合理控制自己的欲望，修剪自己的野心，讓自己不做欲望的奴隸。

在曼谷的西郊有一座寺院，索提那克法師是寺院的新住持。索提那克法師發現寺院的山坡上到處生長著雜亂而青翠的灌木。為了讓它們看起來美麗一些，索提那克找來一把剪子，一有時間就去修剪灌木。半年過去了，一些灌木被修剪成一個半球形狀。

有一天，寺院來了一個有錢人。有錢人向法師請教了一個問題：「人怎樣才能清除掉自己的欲望？」索提那克法師微微一笑，折身進內室拿出剪子，讓客人跟著自己來到寺院外的山坡上，然後指著那些修剪好的灌木說道：「只要經常像我這樣，反復修剪一棵樹，你的欲望就會消除。」

有錢人疑惑地接過剪子，走向一叢灌木，哢嚓哢嚓地剪了起來。過了一會兒，法師問他感覺如何。他說：「身體倒是輕鬆了許多，心裡也不像先前那樣煩躁了，但腦子裡那些欲望好像還在，並沒有消除。」

索提那克法師笑著說：「你以後要經常來這裡修剪，過一陣子就好了。」

這個人就經常到寺院裡修剪灌木。三個月後，一隻展翅欲飛的雄鷹已經初具形狀了。這時，法師來到有錢人身後，問他：你懂得如何消除欲望了嗎？」

有錢人面帶愧色地回答說：「每次在修剪的時候，我覺得心裡的欲望已經沒有了，可是，一旦回到家裡，回到我的生意圈子裡，所有的欲望又全部冒出來了。法師，你說，這是怎麼回事？是不是我太愚鈍了？」索提那克法師笑而不言。

當這隻鷹完全成型之後，有錢人還是沒能擺脫欲望的枷鎖。他甚至懷疑法師的辦法根本不靈。法師笑了，說：「你知道我當初為什麼建議你來修剪灌木嗎？我不知道你每次修剪前有沒有發現，原來剪去的部分，會重新長出來。就像我們的欲望，你別指望完全消除它們。你所能做的，就是儘量去修剪它。放任欲望，它就會瘋長，如果你能經常修剪它，反而會成為一道悅目的風景。」

每個人都會有欲望，一個欲望剛剛消失掉，新的欲望又會浮上心頭。甚至可以說，產生欲望是人的本能，如果人沒有欲望，每天確實不需要那麼忙碌，但人生的樂趣就會減少很多。但是，如果欲望太多，不但對人一點兒好處也沒有，反而會成為枷鎖，讓我們疲憊不堪。甚至，有很多欲望難以達成的人，會因為急功近利做出一些不理智的事情來。

定期清理你的欲望，甚至當欲望來到時，你不妨將它暫時放一放，看過一段時間，你是否還會對它念念不忘。比如當你看中一件價值不菲的衣服時，不要急於將它買下來，待過幾天，你會發現，你已經沒有了當時那樣強烈的購買衝動。當你有了超出自己能力的欲望時，不妨問問自己，我真的需要那些欲望嗎？

04 不要用別人的過錯來懲罰自己

今人見人敬慢，輒生喜慍心，皆外重者也。此迷不破，胸中冰炭一生。

——弘一大師《格言別錄》

我們都是普通的人，生活中充滿不同的煩惱，有的來自工作的壓力，有的來自自身的心態。遇到一個無情無義的朋友，我們會埋怨自己遇人不淑；遇到一個暴躁、狹隘的主管，我們會抱怨這個世界不公平，好人沒好報，總是受欺負；遇到一個不講禮貌、不講衛生的路人，我們會覺得現在這個社會的人素質真差勁；遇到不公平的事情發生在我們身上，我們會埋怨世態炎涼……如今的人往往是別人對他恭敬，他就高興，別人怠慢他，他就生氣，這都是被別人的態度所左右的人。如果無法認清自己身上的這一弱點，那麼，一生都要忍受這種煎熬。

做人做事不顧及別人的感受，是不行的，但是如果太在意別人的態度，就會失去自我。人活一世，最重要的還是做自己，而不是做別人的應聲蟲。弘一大師特意把上面那兩句話摘錄下來，目的就是要告訴我們：要做一個真正的自己。

喜歡抱怨的人總會不由自主地想到生活中種種不開心的事情，想到生活在自己周圍的人們的種種不是，想到背叛自己的朋友，想到總是讓自己傷心的愛人。別人的錯誤彷彿刻刀般，在他們身上刻下了深深的烙印，讓他們終日生活在抱怨、苦惱和咒罵中。要記住，不管別人對你犯下了什麼錯，你都沒有理由讓寶貴的生命浪費在對別人的埋怨和痛恨裡，與其浪費時間去埋怨別人，倒不如好好經營自己的生活。別人不小心碰了你一下，就算別人沒有道一聲歉，也沒必要太計較，但若本是他人不對，反而自己裝了一肚子氣，何苦呢？

不要拿自己的錯誤懲罰別人。這樣淺顯的道理人人明白，卻不是人人都可以做到的。錯誤總是讓人心生怨恨與懊惱，導致其更加瘋狂地尋找遮蓋傷口的擋箭牌，於是，就情不自禁地要去懲罰別人。如果傷害我們的人得不到懲罰，我們就會感到憤怒、痛苦，甚至做出衝動的事情來，最後害人又害己。做錯事的人得到懲罰是應該的，重要的是，在這場傷害與被傷害的事件裡，你要學會儘快擺脫陰影，讓自己不再成為受害者。在懲罰當事人與自己不再繼續受傷二者之間選擇，我們要嘗試選擇後者。

放下恩怨，停止抱怨，開始新生活。

有一個人，二十三歲時被人陷害，在監獄裡待了九年後，冤案才得以告破。出獄後，他開始了長達一生的反復控訴、咒罵：「我在最年輕有為的時候遭受冤屈，在監獄裡度過本應最美好的時光。那簡直不是人待的地方，狹窄得連轉身都困難，窄小的窗戶幾乎看不到陽光，冬天寒冷難忍，夏天蚊蟲叮咬。真不明白上帝為什麼不懲罰那個陷害我的傢伙，即使將他千刀萬剮也難解我心頭之恨啊！」

七十三歲那年，在貧困交加中，他終於臥床不起。彌留之際，牧師來到他的床邊：「可憐的孩子，去天堂之前，懺悔你在人世間的一切罪惡吧！」即將死去的他依然對往事懷恨在心、耿耿於懷：「我沒有什麼需要懺悔，我需要的是詛咒，詛咒那些施於我不幸命運的人。」

牧師問：「你因受冤屈在牢房裡待了多少年？」

「九年！」他惡狠狠地將數字告訴牧師。

牧師長長歎了一口氣：「可憐的人，你真是世界上最不幸的人，對你的不幸我感到萬分同情和悲痛。他人囚禁了你九年，而當你走出監獄後，在本應獲取永久自由之時，你卻用心底的仇恨、抱怨、詛咒囚禁了自己整整四十一年。」

只為那九年的不幸時光抱怨一輩子，值得嗎？很多人都會說不值得，但事情降臨到我們頭上時，可能你也和這個四十一年都沒能走出心靈監獄的人一樣。所以，遇到不順心的事情，遇到自己被別人「陷害」的時候，遇到因為別人的錯誤連累到你的時候，你要做的，就是以這個人為戒，走出他人帶給你的不幸的牢籠。之後，徹底忘記它，重獲心靈和生活的自由。

泰戈爾說過：「當你為錯過太陽而流淚時，你也將錯過群星。」何必為追不回來的東西而流淚呢？記住，拿別人的錯誤來懲罰自己是很愚蠢的，少埋怨別人，多改變自己，把更多的時間放在自我完善上。當我們無法改變別人，但又真的感覺無法接受的時候，那麼，選擇遠遠地逃避和不再關注他們，難道不是最好的解決方法嗎？不拿別人的錯誤來懲罰自己，就是珍惜自己的心情和健康，就是給自己更多的機會和幸福。

05 把生命最重要的時刻過好，不錯過當下的美景

從前種種譬如昨日死，今日種種譬如今日生。

——弘一大師《李叔同說佛》

這句話的意思是說，無論過去發生過什麼事，都已經過去了，就當從前那個自己死掉了，重新來過，把今天當成一個全新的自己，好好把握現在。

從前有一個哲學家途經一個荒涼的沙漠時，竟機緣巧合地來到一座廢棄的城池，在城池中央，他看到「雙面神」石雕。哲學家從來沒有見過這樣怪異的雕像，便奇怪地問道：「你怎麼有兩副面孔呢？」

雙面神說：「因為我能看過去，並能預知未來。我的一面就是用來看過去，吸取教訓的；另一面就是用來遙望未來，給人們以美好的憧憬。」

哲學家正色道：「過去的已經逝去，無法再留住；未來還沒有來到，無法為你所擁有。你能看過去、知未來，卻唯獨忽略了現在。你這個能力對別人有什麼好處呢？」

雙面神聽了哲學家的話掩面哭了，他說：「你解開了我心中多年的疑惑。你說得一點兒沒錯，在很久很久以前，我駐守在這座城裡，這裡的百姓都非常愛戴我，因為我能夠知過去、看未來。但是我唯獨忘了把握現在，直到敵人攻進城裡，我輝煌的一切就都結束了，被

人們拋棄在這片廢墟裡。」

過去、現在和未來組成了我們的人生。昨天曾經是你的現在，今天曾是昨天的將來，將來也會成為過去。這是一個連續不斷的過程。過去已經過去，無論它是好是壞，對現在來說，已經沒有多大的意義。它是美好的也罷，是痛苦的也罷，都不應該對今天的你造成困擾。過去是用來追憶的，現在是用來生活的，未來是用來憧憬的。最重要的，不是昨天，也不是未來，而是現在。然而，現實中的人卻往往沉浸於過去、憧憬著未來，唯獨忽略了現在。

有人問一個禪師：「什麼是活在當下？」禪師回答：「吃飯就是吃飯，睡覺就是睡覺。這就叫活在當下。」吃飯的時候不想那些還沒有解決的糾紛，睡覺時就把一天發生的不快都忘記，睡醒了，再繼續面對生活中發生的那些煩惱也不遲。

我們正在做的事，正在接觸的人和正在享受的生活就是當下，我們要做的就是把當下的每一件事處理好。可是，偏偏有太多人總是「生活在別處」。有的人沉浸在過去的幸福裡，把現在的生活看成地獄，認為未來毫無希望；有的人則將自己封閉起來，一遍又一遍舔著昨天的傷口，還有人則一遍遍為未來擔憂。

弘一大師經常吟誦《禪宗無門關》，一首很美的詩偈：

春有百花秋有月，夏有涼風冬有雪；若無閒事掛心頭，便是人間好時節。

春夏秋冬都有著無可替代的美，我們既不需要傷春，也不需要悲秋。春天來的時候，我們就欣賞百花；夏天的時候，我們就體味涼風帶給我們的那一剎那的清涼；秋天的時候賞月；冬天的時候賞雪。而有的人，看見春花落下就落淚，看見炎炎烈日就想秋天的涼爽，苦於冬天的寒冷就希望春天趕快來臨。結果，他哪一天也沒有過好。

有一個人日子苦時，天天吃的是鹹菜稀粥，因此他希望將來天天都有大餐可以吃，每當這樣希望時，就會覺得碗裡的鹹菜難以下嚥。過了幾年，他的願望實現了，可是沒過多久，他卻厭煩了每天大魚大肉的應酬生活，又開始懷念起過去安安心心地在家裡吃鹹菜的日子。後來，他放下生意，又重新過起了每天鹹菜淡粥的生活。

有時候，美好只存在於我們的想像之中，直到我們千辛萬苦終於達成了自己的願望，才發現，這樣的生活根本不適合自己。可惜，過去的人、過去的生活，已經不可能重來。而我們因為錯過了享受當下，追悔已經來不及了。

我們只有珍惜每一天的生活，用心地來愛這個世界、愛這個世界上的一人一物，才能夠在平常的日子裡找到生活的意義。

生活中並不是缺少美，而是我們沒有用心去發現而已。從平平淡淡的生活裡，發現很多關於生命本身存在的美麗，那麼人間無不是好時節！

06 順其自然，便能萬事遂心

我們常說隨緣，隨緣就是順其自然，順其自然就是不強求。人生不如意事常十有八九，人生萬事，豈能樣樣都遂願？人的出身不同、經歷不同，成敗境遇自然千差萬別。許多事都不是人力所能控制的。與其強求改變，倒不如讓一切順其自然，坦然面對現實。

藥山禪師的弟子雲散、醒吾於郊外打坐參禪。山上有一綠一枯兩棵松樹，藥山禪師便問：「綠的好呢？還是枯的好？」

醒吾回答說：「綠的好！」

雲散回答說：「枯的好！」

此時正好來了一位沙彌，藥山就問他：「樹是綠的好呢？還是枯的好？」

沙彌說：「綠的任它綠，枯的任它枯。」

藥山頷首，兩位弟子也沉吟良久，有所悟道。

緣也好、枯也好；窮也好，富也好；成也好，敗也好；生也好，死也好；苦也好，樂也好，都不應該改變人生的心境，我們不應該隨著境遇的好壞而悲喜。這就是佛家說的「緣由心生，隨遇而安，身無掛礙，一切隨緣」吧！

炎熱的夏天，寺院門前的草地枯了一片。小和尚急忙去報告師父：「師父，草都枯了，快撒點兒草籽吧！」

「等天涼了再說。」師父揮揮手說，「隨時。」

中秋，師父交給小和尚一包草籽，讓他撒到草地上。草籽很輕，風一吹，揚得到處都是。小和尚急忙去追趕，可是草籽落到泥土裡，再也分不出哪些是草籽，哪些是土粒。小和尚喊道：「師父，不得了，草籽都被風吹走了。」

師父說：「無妨。被風吹起來的，是空籽。隨性。」

撒完種子，幾隻小鳥來啄食。小和尚急忙去趕鳥，可是，他一轉身，鳥兒又落下來。小和尚喊道：「師父，大事不好了，種子被鳥吃掉了。」

師父笑笑說：「沒關係，這麼多種子呢！小鳥吃不完。隨遇。」

半夜下起了暴雨，好多草籽都被雨水沖走了。小和尚說：「師父，這下可徹底完了。」

師父說：「沖到哪兒，就在哪裡發芽。隨緣。」

過了幾天，草籽果然發芽了，草地上長滿密密的小草，一些原來沒播種的角落，也泛出緣意。小和尚高興得直拍手，師父點頭說：「隨喜。」

佛說：「隨緣自在，隨喜而作。若能一切隨他去，便是世間自在人。」懷一顆平常心，看淡世事紛擾，隨緣任運，高低隨意，悠然自得，「兀然無事坐，春來草自青」，人生便沒有什麼可以掛懷的了。

隨緣自在，隨喜而作。若能一切隨他去，便是世間自在人。

順其自然，是對生活的一種坦然，是人生的一種睿智；順其自然，是讓我們隨時隨地擺脫金錢、權勢、成敗等一切羈絆，盡情地享受生命中的每一天。

洪水淹沒了山下的村莊。心懷慈悲的住持讓小和尚拿著寺裡的糧食去救濟災民，小和尚回來後，說起了自己在山下的一則見聞。原來洪水不但沖塌了不少房屋，還淹死了不少村民。一個村民從洪水中救起了他的妻子，卻只能眼睜睜地看著自己的兒子被洪水沖走。

眾僧人聽罷，對此議論紛紛。有人說這個男人做得對，因為孩子可以再生一個，妻子卻不能死而復生。有人說村民錯了，因為妻子可以再娶，親生兒子不能死而復生。

他們的爭論被住持聽見了，住持笑了笑，讓小和尚再次下山，問問這個村民當時是怎麼想的。小和尚找到了村民。回想起這件事，村民痛不欲生地說，當時洪水襲來，妻子就在身邊，他抓起妻子就往陸地上游。待返回時，孩子已被洪水沖走了。

小和尚將村民的話原封不動地告訴住持，住持對眾僧說：「洪水襲來，這個村民不過是做了一個最自然的決定，哪個離自己最近，就救哪個。如果他在救人之前進行一番對錯的分析，別說孩子，就連妻子也早被洪水捲走了。除了順其自然，沒有更好的選擇。」

沒有選擇的選擇，便是順其自然的選擇。

人生中有許多東西，比如：出身、性別、身材、容貌等，都是我們無法選擇的，也是無法改變的。對此，我們只能坦然接受。

哈德在一家辦公大樓裡遇到一個缺了右臂的男人。空蕩蕩的袖管吸引了哈德的目光，使他不禮貌地盯著這個男人看。但這個男人卻對此毫不在意，他大聲地同夥伴聊天，笑聲爽朗。在走出電梯時，哈德終於忍不住問他：「你會因為缺了一隻手臂而煩惱嗎？」

「哈！」男人把那只殘肢抬起來，在哈德的面前晃了晃說：「不會的，我根本就沒有意識到它，除非我穿針的時候我才會想到這件事！」

人難免遇到不如意的事情，如果不管怎麼努力，結果都不會有所改變，那麼，不如坦然接受它。與其讓它折磨我們的心靈，令我們痛苦不堪，還不如抱著順其自然的心態，平靜地接受。

南北朝時期的北魏，有一位名叫羅結的大將軍，是個罕見的長壽者，享年一百二十歲。在談到長壽祕訣時，他說：「飲食有節，起居有常，作息有時，清心寡欲，少說多做，無憂無慮。」據說，他一百零七歲那年，太武帝還任命他為兵馬大元帥。這時的羅結仍然身強力壯、耳聰目明、思路敏捷、精爽不衰。他的養生之道便是四個字：順其自然。

人生在世，窮也好，富也好；得也好，失也好，都不過是人生的一個瞬間、一種狀態。比如貧富這種事，根本不會對我們的人生造成過多的影響。你不會因為有錢或沒錢就變成另一個自己，也不會因為失去一份工作就變成另一個人，也不會因為犯了某個錯誤就變成另一個人。只要保持本心不變，那麼，人生的那些得失、苦惱，都不會影響你。

淡定的人往往都抱著順其自然的心境，不為外物所擾，相信人生的每一天都是美好的。對已經擁有的，就要好好珍惜，失去的，也不要勉強挽留；想要得到，就去努力得到它，選擇了就不要後悔；忙碌的時候就忙碌，累了就休息。凡事不必在意，更不必強求，隨緣自在，人生自然快意放達！

放下小筆記

在人生的旅途中，要學會放下遭遇過的各種不幸、挫折、失敗、痛苦……只有這樣，才能騰出心靈的空間去感受生活的美好。

Part 5
修好這顆心，人生更從容

也許只要我們及時給予對方一句讚美，他就會及時停下犯罪的手，而我們的一句咒罵或者指責，可能會讓一個好人也生出怨懟之心。

01 掃地亦是修行

「掃地掃地掃心地，心地不掃空掃地。人人都把心地掃，世上無處不淨地。」在佛教中，打掃是最好的修持方法。據說以前佛祖座下有個弟子叫周利盤陀伽，天性愚笨，教什麼都學不會。「憶持如來，一句伽陀，於一百日，得前遺後，得後遺前」，佛祖教周利盤陀伽一句偈，教了一百天，他都沒能把這偈語記下來，往往記住了前面一句，後面便忘記了；後面一句學會了，前面又忘記了。實在沒招了，佛祖便遞給周利盤陀伽一把掃帚說：「你記不住四句偈，那就記住掃帚兩個字好了。」周利盤陀伽就按照佛祖的要求每天掃地，最後把所有的業障煩惱都掃乾淨了，修成了阿羅漢。

在一般人看來，像掃地、打掃廁所這些工作，是一種低層的工作，怎麼可能幫助人修成正果呢？其實，掃地是修行的一種方法。佛家認為，掃地的功用有以下幾點：

一是降伏貢高我慢心。人都有貢高我慢心，覺得「我」是很了不起的、高人一等的，這種心態其實就是消除煩惱的最大障礙。一個人若能快樂、自在地做一般人認為低層的工作，也就是降伏了貢高我慢心。

二是乾淨可以使人的心安定下來。把家裡或工作環境打掃得窗明几淨，不僅自己的心能感到清淨，也會讓經過者或使用者的心清淨。心一清淨，自然就定下來了。

三是掃掉心裡的垃圾。我們的心裡有很多垃圾，如貪心、嗔心、慢心、疑心……心裡面的垃圾多了、煩惱多了，人也就整天糊裡糊塗的。而心地的垃圾掃乾淨了，心地就清淨了。若達到佛經中所說的「寂無所寂」，才算是清淨到家。

民國年間，河南新鄭縣城內，有一座名為「白塔寺」的小寺院。寺內有一個海清和尚，平日裡不言不語，每日除了虔心禮佛，就是不分春夏秋冬，天剛一亮就起床，從寺院的山門開始掃起，直到將縣城內的一條東西街道清掃完畢。一邊掃，口中還一邊念念有詞，也不知道他在念什麼。有好事者留意傾聽後，才聽清老和尚每天念的，就只一句話：「掃地掃地掃心地。」

這個人便好奇地上前去打聽：「你掃地便掃地，又說什麼掃心地？」

老和尚沒有搭理他，一邊念一邊掃地。那人就越加好奇，一遍遍地跟著老和尚問。

老和尚便反問他：「你真想知道？」

那人說：「想。」

老和尚便說：「你想知道答案，就跟我一起掃地，一年後我便告訴你。」那人笑了笑，笑過之後就走了。

海清老和尚就這樣不分寒暑，風雪無阻，一掃就是幾十年。後來，城內駐軍換防，來接替防務的是一位韋姓的上校團長。有一天，守兵向韋團長報告說，有一個白塔寺的老和尚，一大早就在東西大街上掃地，守兵禁止，他自稱已經掃幾十年了，請長官不要干涉出家人的修行。韋團長聽後感到奇怪，自古和尚修行都在寺院內念經，從來沒聽說掃地也是修行。韋團長換了便服去寺院裡探訪。

寺院的方丈告訴他說：「海清法師是我的師父，在他還是方丈時，就開始每天這樣打掃了，幾十年風雨無阻，從沒有間斷過。我們做弟子的想接替他老人家，他不許，說每個人的修行是每個人的，豈可替代？我們也就只好依著他了。」韋團長提出想拜見一下老和尚，方丈搖頭：「師父有吩咐的，這幾日不見外人，施主請回吧！」

韋團長見不到老和尚，便想了個辦法。第二天起了個大早，站在街邊等著老和尚出來掃地。不久，果然看到一個穿僧衣的身影，從寺院山門起，揮著掃帚慢慢沿街掃了過來。邊掃口中邊念那句幾十年不變的「掃地掃地掃心地」。韋團長聽了，心中不覺一動。

韋團長便命令部下：「凡我部官兵，今後見老和尚掃街時，都要恭敬行禮！」

不久，城內駐軍集體皈依佛門，成為海清法師的弟子。在皈依儀式上，海清法師說：「我只是一個掃地的和尚。世界充滿塵垢，道路充滿塵垢，人心裡面更是充滿了塵垢。所以我要掃，不停地掃。你們做我的弟子，也要跟我一起掃啊！」

通俗一點講，掃地的同時，就是在掃心地，清潔外界環境的同時，也在清潔人內心的灰塵。心地的垃圾掃乾淨了，心地就清淨了。「怎麼掃呢？」「用慚愧、懺悔、返照、覺察、觀照，念念分明、念念作主、念念覺察、念念覺照，這樣，就能把心中的灰塵掃掉了。」這是佛陀告訴周利盤陀伽的方法。「掃帚的意義就是除去塵垢。」心中的塵垢除盡，智慧也就開了。

平時可以多觀照自己的內心，時時反省自己，把那些污染我們心靈的各種垃圾和灰塵都清理掉。

02 學會自省，清掃內心塵埃

一個叫元持的僧人在無德禪師座下參學多年，非常用功，但始終沒有什麼長進。

有一天，在晚參的時候，元持特意向無德禪師請示：「大師，弟子遁入空門多年了，可是對一切仍然懵懂不知，空受信施供養，請大師以慈悲為懷，告訴弟子，每天在修持、作務之外，還有什麼是必修的課程？」

無德禪師回答道：「你最好看管好你的兩隻鷲、兩隻鹿、兩隻鷹，約束口中一條蟲，並且時刻和一隻熊鬥爭，除此之外，還要看護好一個病人。如果你能做到這一切並善盡職責，相信對你會有很大的幫助。」

元持迷惑地問道：「大師，弟子來此參佛，身邊並沒有帶什麼鷲、鹿、鷹之類的動物，又怎麼去看管呢？再說了，我想瞭解的是與參學有關的東西，和這些動物有什麼關係呢？」

無德禪師笑了笑說：「我所說的兩隻鷲，就是你的眼睛，要你看管好它即是讓你做到非禮勿視；兩隻鹿，是指你的雙腳，你要把持好，做到非禮勿行，別讓它走罪惡的道路；兩隻鷹，指的是你的雙手，要讓它能夠盡到自己的責任，非禮勿動；一條蟲則是指你的舌頭，約束它做到非禮勿言；那隻熊是你的心，你要克制它的自私，非禮勿想；而病人，就是指你的身體，希望你不要讓它陷於罪惡。」

聽了無德禪師的教誨之後，元持默默地點了點頭似有所悟。

無德禪師的意思很明瞭，人應該嚴格控制自己的私欲，不想、不說、不做有損於德行的事和話，對普通人來說，就是常常做到自省。自省的方式有很多，可以透過靜思的方式，和自己的心靈對話，省察自己行為上的過失。那麼，弘一大師是通過哪些方式來反省的呢？

弘一大師出家後，過著閒雲野鶴、淡泊名利的生活，有一段時間居住於泉州，卻突然忙於演講和應酬，寫了許多字，甚至會了幾次客，赴了幾次齋……報上披露了這些不尋常的新聞，各方都為法師肯廣結法緣，感到無限歡欣。然而，就在這時，弘一大師收到了一位小友——十五歲的李芳遠一封洋洋千言的長信，列舉報載有關弘一大師近來的情形。末了說，弘一大師變成一個「應酬的和尚」了，勸請弘一大師閉門靜修。弘一大師看後大為感動，立即復信表示：「即當遵命閉門靜修，摒棄一切……」並於泉州承天寺佛教養正院同學會席上表示懺悔。

不久，他就從泉州乘坐溪船溯流直上永春，親自到童子的故鄉蓬壺致意，然後遁居蓬山普濟寺精舍靜修。題其室曰：「十利律院」，又在門上寫著「閉門思過，依教觀心」八個字，掩關五百七十二天。這是法師入閩十餘年來居住最久的地方。期間，所有酬醉，他盡皆決絕。就是師友信函，也都原璧封存，而專修南山律部。

法師的這種勇敢「自省」的精神不是一般人能做到的。我們常人，別說自省，就是明知道自己錯了，還要嘴硬。更何況這樣在公開的場合剖析自己、反省自己。

弘一大師在著名的演講稿《改過實驗談》中告訴我們該如何自省：

「改過自新」四字範圍太廣，若欲演講，不知從何說起。今且就余五十年來修省改過所實驗者，略舉數端為諸君言之。……總論者即是說明改過之次第：

學：須先多讀佛書儒書，詳知善惡之區別及改過遷善之法。倘因佛儒諸書浩如煙海，無力遍讀，而亦難於瞭解者，可以先讀格言聯璧一部。余自兒時，即讀此書。歸信佛法以後，亦常常翻閱，甚覺其親切而有味也。此書佛學書局有排印本甚精。

省：既已學矣，即須常常自己省察，所有一言一動，為善歟，為惡歟？若為惡者，即當痛改。除時時注意改過之外，又於每日臨睡時，再將一日所行之事，詳細思之。能每日寫錄日記，尤善。

改：省察以後，若知是過，即力改之。諸君應知改過之事，乃是十分光明磊落，足以表示偉大之人格。故子貢云：「君子之過也，如日月之食焉；過也人皆見之，更也人皆仰之。」又古人云：「過而能知，可以謂明。知而能改，可以即聖。」諸君可不勉乎！

別示者，即是分別說明餘五十年來改過遷善之事。但其事甚多，不可勝舉。今且舉十條為常人所不甚注意者，先與諸君言之。華嚴經中皆用十之數目，乃是用十以表示無盡之意。今餘說改過之事，僅舉十條，亦爾；正以示餘之過失甚多，實無盡也。此次講說時間甚短，每條之中僅略明大意，未能詳言，若欲知者，且俟他日面談耳。

一、**虛心**：常人不解善惡，不畏因果，絕不承認自己有過，更何論改？但古聖賢則不然。今舉數例：孔子曰：「五十以學易，可以無大過矣。」又曰：「聞義不能徙，不善不能改，是吾憂也。」蘧伯玉為當時之賢人，彼使人於孔子。孔子與之坐而問焉，曰：「夫子何為？」對曰：「夫子欲寡其過而未能也。」聖賢尚如此虛心，我等可以貢高自滿乎！

二、**慎獨**：吾等凡有所作所為，起念動心，佛菩薩乃至諸鬼神等，無不盡知盡見。若時時作如是想，自不敢胡作非為。曾子曰：「十目所視，十手所指，其嚴乎！」又引詩云：「戰戰兢兢，如臨深淵，如履薄冰。」此數語為餘所常常憶念不忘者也。

三、**寬厚**：造物所忌，曰刻曰巧。聖賢處事，惟寬惟厚。古訓甚多，今不詳錄。

四、**吃虧**：古人云：「我不識何等為君子，但看每事肯吃虧的便是。我不識何等為小人，但看每事好便宜的便是。」古時有賢人某臨終，子孫請遺訓，賢人曰：「無他言，爾等只要學吃虧。」

五、寡言：此事最為緊要。孔子云：「駟不及舌。」可畏哉！古訓甚多，今不詳錄。

六、不說人過：古人云：「時時檢點自己且不暇，豈有功夫檢點他人。」孔子亦云：「躬自厚而薄責於人。」以上數語，余常不敢忘。

七、不文己過：子夏曰：「小人之過也必文。」我眾須知文過乃是最可恥之事。

八、不覆己過：我等倘有得罪他人之處，即須髮大慚愧，生大恐懼。髮露陳謝，懺悔前愆。萬不可顧惜體面，隱忍不言，自誑自欺。

九、聞謗不辯：古人云：「何以息謗？」曰：「無辯。」又云：「吃得小虧，則不至於吃大虧。」餘三十年來屢次經驗，深信此數語真實不虛。

十、不嗔：嗔習最不易除。古賢云：「二十年治一怒字，尚未消磨得盡。」但我等亦不可不盡力對治也。華嚴經云：「一念嗔心，能開百萬障門。」可不畏哉！

因限於時間，以上所言者殊略，但亦可知改過之大意。最後，余尚有數言，願為諸君陳者：改過之事，言之似易，行之甚難。故有屢改而屢犯，自己未能強作主宰者，實由無始宿業所致也。

法師所提出的「改過十訓」，值得我們反復咀嚼、時時觀照，如此，才能成為一個真正有修養的人。

人應該嚴格控制自己的私欲，不想、不說、不做有損於德行的事和話。

03 靜坐常思己過，閒談莫論人非

古人云：「時時檢點自己且不暇，豈有工夫檢點他人？」

孔子亦云：「躬自厚而薄責於人。」

——弘一大師《改過實驗談》

「靜坐常思己過，閒談莫論人非」，這是古人修身的名言，告誡人們要常懷自省之心，檢討自己的過失，閒談之時，不要談論他人是非。

弘一大師認為，靜察己過是分內之事，而不論人非卻是一個人品德的試金石。尤其是在現代社會，所謂的「靜察己過，勿論人非。」應成為我們生活中的重要提醒。寬恕自己是常有的事情，而且藉口十足；也有能夠寬恕別人的心，但是需要時日。

道心和尚和無知和尚都在淨念禪師門下修行佛法。淨念禪師經常出去應酬，陪有錢有勢的人吃飯，到處籠絡財主，要人出資修建寺廟。並且吩咐道心和尚和無知和尚四處化緣，吸納興建寺廟的經資。

道心和尚心中對淨念禪師非常不滿，認為他有失出家人的德行，於是在寺中四處說淨念禪師的是非，慫恿眾人將淨念禪師從住持的位子上趕下去。無知和尚卻從無半點怨言，每日出去化緣苦度，籠絡富人捐款出資；寺廟修建之時，無知和尚也在一旁監工，不敢怠慢。道心於是稱無知為「元寶和尚」。

然而三年之後，寺中修建的屋宇盡數蓋好，接納了許多因為水災而寄宿的災民。淨念禪師也每日焚香講課，開導災民，分文不收，道心這才知道誤會了淨念禪師的本意，羞愧之下離寺修行。而無知和尚後來繼承了淨念禪師的衣缽。

靜察己過是分內之事，而不論人非卻是一個人品德的試金石。

無論是修行者還是普通人，都應當時時反省，不要隨便妄言。要知道妄言妄行，不但有損他人，同樣是在耽誤自己的寶貴時間，打擾自己的修行和成功。即便你是萬事通，也不要講別人的八卦，因為很多話經人一傳都會變質。

現代人在一起，喜好議論別人的私人生活，發一發自己對社會的牢騷。未見得大家都有什麼惡意，但也絕非善意的表現。不論男女老幼，都喜歡在茶餘飯後聊天、八卦，這其中不外乎家長里短。有科學家研究表明，背後說他人閒話是人類一種重要需求，排在吃飯、喝水之後，性欲之前。多數時候，我們在議論人非時，並沒有主觀惡意，大多只是一種心理轉移，甚至有時候，我們會覺得，自己心裡有話，不說出來實在難受。不過，結果卻是很多時候造成了一些不必要的矛盾，這完全是沒有必要的。在《王陽明全書》裡面有這樣一段記載道：

有一個名叫楊茂的人，既聾又啞，陽明先生不懂得手語，只好跟他用筆談。

問：「你的耳朵能聽到是非嗎？」

答：「不能，因為我是個聾子。」

問：「你的嘴巴能夠講是非嗎？」

答：「不能，因為我是個啞巴。」

又問：「那你的心知道是非嗎？」

只見楊茂高興得不得了，指天畫地地回答：「能、能、能。」

於是陽明先生就對他說：「你的耳朵不能聽是非，省了多少閒是非；口不能說是非，又省了多少閒是非；你的心知道是非就夠了。」

所謂「人言可畏」，你的一句是非就可能給他人造成很大的困擾，而你所傳的小道消息也未必可靠，有許多人卻偏偏喜歡打聽和傳播小道消息，這樣的傳播是非者更加讓人厭惡。即使你所見所聽皆為事實，也最好把它們放在肚子裡。對方可能做得不地道，但傳播這種是非的人，則更加用心險惡。

一個人講話，若總是不離他人隱私，且所說的內容總能讓你時時驚訝。這樣的人，離他遠點，否則，下一個被出賣的，就是你。不要一頭栽進是非堆，也不要聚眾講是非。雖然你也許覺得「講是非」是最容易讓對方敞開嘴巴的辦法，但是，是非講得太多，心就會變得渾濁。人心只一拳，別把它想得太大。裝下了是非，就裝不下正事。

首先，最好乾脆就不說。一定要說的話，要做到話出有據、事出有因，千萬不能捕風捉影，隨意推斷。其次，不參與風傳謠言。做人要學會與人為善，多考慮一下自己的言行是否會給別人帶來不必要的麻煩，試著從別人的角度來考慮問題。很多時候，面對謠言要保持沉默，多看些書，少說些閒話，避免禍從口出。

俗話說：「寧在人前罵人，不在人後說人。」別人有缺點和不足之處，你可以當面指出，令他改正，但千萬不可當面不說，而背後則說個沒完。我們應該時刻謹記不要總是將注意力放在別人身上，而應時刻反省自己，做個光明磊落之人。

是非講得太多，心就會變得渾濁。人心只一拳，別把它想得太大。裝下了是非，就裝不下正事。

04 慎獨，不自欺

心不妄念，身不妄動，口不妄言，君子所以存誠。內不欺己，外不欺人，上不欺天，君子所以慎獨。群居，守口；獨處，防心。

——弘一大師《格言別錄》

弘一大師十分推崇古代賢者、聖人所傳下來的慎獨功夫，在自己的著作中，曾多處強調慎獨的重要性。「群居，守口；獨處，防心。」與人在一起的時候，守住自己的嘴巴；在自己獨處的時候，要守住自己的心。

一位哲人曾說：「即使你獨自一個人時，也不要做壞事，而要學得比在別人面前更知恥。」宋朝陸九淵也說：「慎獨，即不自欺。」意思是說，慎獨就是不自欺欺人。慎獨是一種嚴格的自律精神，能夠做到慎獨的人，就可以認定他的修養已經達到了相當高的程度。

修養是一個面對真實自我的過程，不是為了做給別人看的，所以，不能做表面功夫。我們常用「真君子」和「偽君子」來評價某個人，其區別就是能否做到「慎獨」。在別人面前，一本正經，道貌岸然，暗地裡卻是個十足的小人。

《大學》中是這樣說「慎獨」的：「小人閒居為不善，無所不至。見君子而後厭然，掩其不善，而著其善。人之視己，如見其肺肝然，則何益矣。」在別人面前一副偽善的面目，別人或許不知道你的真實面目，不知道你到底都做些什麼事，只有你自己知道自己是什麼人。當然，並不是說，我們在背地裡做了見不得人」的事，就說明我們是個徹頭徹尾的偽君子，只是，人在沒有約束的環境裡，比較容易放鬆對自己的要求罷了。所以，要成為一個真正有修養的人，就要警惕在獨處的時候也要嚴格要求自己。

有的人很想成為一個真正的君子，成為一個有修養的人，只是，這需要很大的毅力去抵抗那些誘惑，確實是一個非常艱難的過程。比如，一個下決心要減肥的人，看到自己最喜歡吃的紅燒肉，就想：我就吃一次，吃一次應該不會對減肥有什麼影響。可惜，有一就有二，我們總是安慰自己說，不差這一口肉。所以，我們看到，胖子越來越多，減肥成功的人越來越少。這並不能說這個人不想減肥，只是他經不起美食的誘惑而已。如果一個人真的想減肥成功，就要做到無論什麼時候都不要吃高脂肪的食物。

有一個記者問一個身材保持得很好的女演員：你最喜歡吃什麼？女演員說：「我最喜歡吃霜淇淋。」記者很奇怪，要保持這麼好的身材，霜淇淋可是大忌。於是，記者問：「你一周吃幾次霜淇淋。」女演員說：「我已經二十年沒有嘗到霜淇淋的味道了。」

我們一定覺得這個女演員為了保持身材這麼虐待自己不值得，但人生就是這樣，你要得到一樣東西就要放棄另一樣東西。如果這個女演員破了一次戒，那麼，就有可能收不住，從一個月吃一次到一周吃一次，甚至每天吃一次。很多人修行敗壞，就是這樣一次次放鬆對自己的要求才導致的。要修行，就要時時警惕自己的內心，一刻也不能放鬆。只要你自己認為不應該做的事，就一次也不要去做。

「獨處防心」是修煉自己「慎獨」功夫的關鍵。正是因為心不設防，蠢蠢欲動，才會萌生邪念、雜念，從而做出有違自己原則的事來，所以才要防心。

湖邊坐著一對來釣魚的母子，按照規定，兩個小時之後，這裡才能釣魚，但是他們來早了。母親幫孩子把魚餌放好，讓孩子先坐在湖邊等。但孩子等不及，就把釣竿放了下去。運氣出奇好，魚線動了，孩子趕緊往上拉，一條大鯉魚被釣了上來。孩子高興得手舞足蹈。這時，母親卻走過來說：「我們應該把魚放了，因為現在還不到釣魚的時間。」

孩子很不開心，他大聲抗議：「不，這樣的大鯉魚很難釣到的，更何況現在這裡又沒有人，不會有人知道的。」

母親說：「湖邊沒有眼睛，但是我們的心裡有。」

曾國藩說：「慎獨則心安。自修之道，莫難於養心，養心之難，又在慎獨。能慎獨，則內省不疚，可以對天地質鬼神。」背地裡做壞事，你不說，別人可能永遠都不知道，但你自己會知道，但凡有良知的人，都會因此而感到良心難安。所以，人要做到心安，就要學會「慎獨」，只有這樣，才能無愧於天地，無愧於自己的心。

「獨處防心」是修練自己「慎獨」功夫的關鍵。

東漢時期的太尉楊震，為官清廉，不謀私利，在道德上堪稱楷模。有一次，楊震由荊州刺史調任東萊太守，在赴任的路上，經過昌邑，遇到了他在荊州刺史任上曾經舉薦過的官員王密，王密現任昌邑縣令。王密為了報答楊震的知遇之恩，特地準備了十兩黃金於白天去拜見，被楊震退了回來。王密以為楊震是白天不好收，於是到了晚上無人的時候，又一次去拜訪楊震。

楊震見他又來送錢，對他說：「我和你是故交，關係比較密切，我很瞭解你的為人，而你卻不瞭解我的為人。」王密說：「現在深夜無人知道。」楊震說：「天知、地知、我知、你知，怎能說無人知道呢？」王密羞愧地離去。

這就是楊震「暮夜卻金」的事，後人因此稱楊震為「四知先生」。

「慎獨」應該是一種內在的要求，人們只有把道德變成自己內心的一種要求，才能夠真正實踐「慎獨」。我們「慎獨」不是為了別人而是為了自己，此時我們面對的是自己赤裸裸的靈魂，弘一大師在《改過實驗談》一文中說：「吾等凡有所作所為，起念動心，佛菩薩乃至諸鬼神等，無不盡知盡見。……此數語為餘所常常憶念不忘者也。」是的，無論何時，都要小心謹慎、以此為戒。

與人在一起的時候，守住自己的嘴巴；在自己獨處的時候，要守住自己的心。

05 心安即是福

希望我的品行道德，一天高尚一天；希望能夠改過遷善，做一個好人，又因為我想做一個好人，同時我也希望諸位都做好人！

——弘一大師《南閩十年之夢影》

弘一大師時刻不忘自省，也提醒眾生時刻進行自我約束、自我管理，不要丟掉自己的善心和良知。

法師在《南閩十年之夢影》裡講到「出家人何以不是人」時指出：「我們都得自己反省一下。」並說「我近來省察自己，覺得自己越弄越不像了！」所以，「希望我的品行道德，一天高尚一天；希望能夠改過遷善，做一個好人。」好人就是一天比一天更好的人。他還稱自己是「二一老人」，取古詩「一事無成人漸老」和清初吳梅村臨終絕命詞「一錢不值何消說」之意。「每每想到二一老人這個名字，覺得很有意味！也可以算是我在閩南居住了十年的一個最好的紀念！」

法師的弟子回憶說：

「另一件事，我們亦可以看出弘一大師的崇高人品。有一次大師告訴我，要我幫他買幾枝筆。我去書店走一趟，看來看去都不滿意，就回來告訴他，請他親自去走一趟。而且那老闆知道是弘一大師要筆，就和我說請他來一趟，如果他看中了，便把筆送給他。大師聽到如此，連口說不行不行。他說我們一定要用錢和他買。後來，大師去到書店，老闆真的要將筆送他，他卻堅持不要。過後，他還告訴我，出家人買東西不好和人家講價。但我自己向來買東西都和人家講價的。聽了他的話，我也不敢多加辯護，尊重他的意思，不再和人講價。不過心裡卻相當難過。因為泉州人的習慣，一定要和人家討價還價的。」

對善良的人來說，最難面對的就是自己的良心。只要我們在做錯事後，還能夠感到不安，這就是好事。但這並不等於說我們以後就不會再犯錯，它需要我們以極大的勇氣和道德的力量去面對自己的內心。

一個人做錯事，最大的受害者不是別人，而是他自己，因為他自己要接受良心的譴責。

王陽明是我國明代的心學大師。一天半夜，他的一個弟子捉到一個小偷，看著小偷正當壯年，不缺胳膊不少腿的，也不是個大奸大惡之徒，如果送交官府肯定要法辦，關上三年五載的，這個弟子有些不忍，便說：「你說你這麼大一個人，做點什麼不好呢？出來偷東西，你不覺得良心難安嗎？」誰知，小偷卻嬉皮笑臉地問道：「你能告訴我，我的良知在哪裡嗎？」時值盛夏，雖然半夜了，天氣還是很熱，這個弟子便笑著說：「我可以放你走，不過也不能白白放過你啊。看你身上也沒什麼值錢東西，也就這一身衣服還值點錢了。你就留下你的衣服，走人吧。」王陽明的弟子讓小偷先脫掉外衣，接著又讓他脫掉內衣。小偷很不情願地脫掉了。當讓他脫掉褲子時，小偷抓住自己的腰帶說：「這恐怕不太好吧！」

王陽明的弟子笑著說：「你怎麼說不知道自己的良知在哪裡呀，良知不就在這裡嗎？」他指指小偷的褲子。

《法華經》有言：「健康是最大的利益，滿足是最好的財產，信賴是最佳的緣分，心安卻是最大的幸福。」俗話說：不做虧心事，半夜不怕鬼叫門。人遇到了挫折和磨難，雖然也會有痛苦和掙扎，但是只要熬過去了，就不會再難過。可是，如果是自己的良心在受著譴責，那麼即使再努力、再掙扎，也沒有辦法逃避痛苦。遮掩，或許可以逃過別人的眼睛，甚至逃過法律的制裁，但是唯一逃不過的是自己心靈的譴責。

在一次海難中，他僥倖生存，而其他船員集體遇難。大家都以為他也已經死亡，船主按法律的規定，給每位遇難者的家屬一筆不菲的經濟補償。

作為唯一的倖存者，他死裡逃生幾經磨難，當他在回家的途中聽說在這次事故中，每位遇難者的家屬可以得到十幾萬元的賠償費後，立刻打消了回家的念頭。因為他一回去，家人就得不到這筆錢。而這些錢，如果讓他去賺，至少需要二十年。

思考再三，他開始了流浪生涯。然而，他的心始終無法安寧，他夜夜失眠，想念妻子兒子，承受著良知的煎熬。終於，他感到無法承受心靈的煎熬，他回家了，回到了親人的懷抱。為此，親人們沒能得到那十幾萬的賠償，但他，心裡安寧了。

儘管他選擇了遠離，但還是無法躲開心債。十幾萬元的財富，也買不到自己內心的安寧。其實，有時候想想，人們的心靈還真是奇怪，越是沒有人知道，就越是會自己提醒自己。所以，在事情發生的時候，越是想要掩藏，就越會受到內心的折磨。所以，索性不如公開，索性不如讓自己受到懲罰，反而可以心安。

健康是最大的利益，滿足是最好的財產，信賴是最佳的緣分，心安卻是最大的幸福。

巴金先生說：「良心的責備比什麼都痛苦。」當我們欺騙別人的時候，最讓人覺得可怕的，不是別人對我們的懲罰和報復，而是我們自己內心的不安。背負著心債過日子，其中的痛苦滋味可想而知。所以，在生活中，我們要儘量避免欺騙他人，否則我們將會永遠受到自己內心的懲罰，讓自己的內心永遠都得不到安寧。在我們的生活中，只有光明磊落，上不愧於天，下不怍於地，人生才是真正的灑脫。

做錯了事，心感到不安，是因為我們原本就是善良的人，但我們都不是聖人，犯錯是難免的，受到誘惑也是難免的。然而，這畢竟不能成為我們做錯事的藉口，做錯了，就要去承認，就要去改正。改正了，我們的心也就安寧了。

真正的君子即使是在沒有一個人的荒野也絕不會做違揹良知的事。但如果他認為某件事值得自己去做時，即使頂著再大的壓力也會去做，正所謂「問心無愧」。

有一個人看隔壁的女人帶著孩子過日子不容易，經常幫她忙。比如挑水的時候順便給她捎上一擔，家裡需要搬什麼重物，他看見了就主動上前幫忙。時間一長，村裡的人都說男人和女人有曖昧。男人的老婆為了這件事和他大吵大鬧，還把他的臉抓破了。第二天早上，人們看見男人臉上帶著傷趕著馬車去趕集，隔壁的女人和孩子艱難地背著一個大口袋在行走。男人跳下車，二話不說，把大口袋往車上一扔，說：「上車！」女人猶豫著說：「大哥，這不好吧？」男人滿不在乎地說道：「怕什麼，我問心無愧！」

有人認為，人生最可怕的不是磨難，而是違背良知，遭受內心的譴責。

在我們的生活中，只有光明磊落，上不愧於天，下不怍於地，人生才是真正的灑脫。

06 勸人改過必先美其長

凡勸人，不可遽指其過，必須先美其長。蓋人喜則言易入，怒則言難入也。善化人者，心誠色溫，氣和詞婉，容其所不及，而諒其所不能，恕其所不知，而體其所不欲，隨事講說，隨時開導。

——弘一大師《格言別錄》

弘一大師這段話，要我們在勸誡別人時，不要直接去指出他的過錯，而可以從讚揚他的優點說起。對方在高興的時候，才能較容易地接受你的批評。一味地指責只會適得其反。所以，當我們準備說服別人時，不妨先從他最感興趣的話題說起，順勢開導。

一般來說，如果我們在批評別人之前，先肯定他的優點，然後再不露聲色地指出他的缺點，那麼，結果就大不一樣了。比如，孩子在學校和同學打架，做父母的要先肯定他是個好孩子，在某些事情上很有正義感，在家裡也很懂得照顧父母，平時都很講道理。「我知道，如果你不是特別生氣，是不會打架的。」孩子覺得自己被理解了，這時候，即使你沒有指出，他打架的這種行為是不對的，他也會主動承認錯誤。這就是弘一大師說的，「凡勸人，不可遽指其過，必須先美其長。蓋人喜則言易入，怒則言難入也。」的道理。

在弘一大師的《格言別錄》裡記載：「呂新吾云：『責善要看其人何如，又當盡長善救失之道。無指摘其所忌，無盡數其所失，無對人，無峭直，無長言，無累言。犯此六戒，雖忠告，非善道矣。』」是說，我們勸人向善時，要根據這個人的實際情況去勸解。不要去說他最忌諱的話，也不要指責他的所有過失。要對事不對人，說話不能太直接，不要長篇大論，要點到為止，不要囉哩囉嗦。如果我們在勸導別人時犯了這六條，就算你說的話是忠言，也不能算你做了好事。

曇昕法師在回憶文章裡提到：

記得有一次，泉州有一個姓黃的，他善於畫畫，多次邀請大師吃飯。大師常讓他請客，就破例在藏經樓上叫我預備了幾樣菜。那時正是戰爭時期，什麼菜都十分稀罕。不過，當時我弄的幾道菜倒是過得去。在進食中，黃居士請大師批評他的畫。大師從來不直接批評他人。他看了黃居士的畫，隨口說：「好，好。不過，學畫的人應學多看。能多看好幾家的畫，才能吸收人家的特長。學畫要先學畫圓，畫了圓將它對折起來，如果四周都能相疊，才算有了起步的準備；接下來第二步就要學習一筆就能畫出一條直線；第三步則是一口氣能畫出一個正四角形來，同時將畫紙對折後，四角形的四個角都能相疊為準。」大師強調，一個學畫畫的人，開始時一定要完成這幾個步驟。若不能完成這三個步驟，則將來可很難畫畫了。他又說西洋畫家最講究畫面的構圖圖案，空白在畫面上有時是要加以保留的。因空白本身對畫面具有重要性。

大師還告訴我，叫我和黃居士說，最好去買商務印書館所出版的歷朝觀音寶像一書來參閱。他說該書收藏了各家的作品，若能小心參考各家的筆法，知悉其優劣點，然後自成一家，那是最好不過了。大師亦指出，藝術貴在清淡。如佛法所說，「是法非思量分別之所能解」。此法是指佛法，也就是說佛法不是單靠思量而不去精讀就能瞭解的。同樣，此書、此畫、此藝術都是非思量分別之所能解。這才是真正的藝術。大師對我說：「我不好意思告訴這畫家這些話，勞煩你轉告給他知道。我的感想是這樣，對不對由他自己去想想。」弘一大師說這話時是非常客氣的。多補充一句。大師曾說過，藝術到了最高峰就是佛法。

如果我們在勸說別人時，不停地說對方的不是，就算對方心裡明知道你說的話都是對的，是為他好，他也會覺得不舒服。如果你批評得過於嚴厲，他還可能對你懷恨在心。不但不能夠導人向善，反而可能招致不必要的麻煩。所以，我們的「責善之言」要慎出口。在勸人的時候，不妨使用講故事的方法去勸解他，而不是直接針對他本人的錯誤去跟他擺道理。

再壞的人，他也是有優點的。比如，他長得不錯，很會說話、聰明。如果我們能夠抓住他的優點去肯定他，而不是抓住缺點去否定他，他就會打從心裡感激你，從而刻意發揚自己的優點，抑制自己的缺點。

一個殺人犯在前去刑場的路上，引來群眾圍觀。這時候，人群裡突然有一個老婦人說：「看，這小夥子的頭髮多漂亮啊！」這個殺人犯流著眼淚說：「如果早有人對我說這句話，我就不會有今天了。」

的確，也許只要我們及時給予對方一句讚美，他就會及時停下犯罪的手，而我們的一句咒罵或者指責，可能會讓一個好人也生出怨懟之心。「善化人者，心誠色溫，氣和詞婉，容其所不及，而諒其所不能；恕其所不知，而體其所不欲；隨時講說，隨時開導。」就是說，善於感化別人的人，都是語氣誠懇，態度溫和，用語委婉。能夠包容他、理解他、原諒他、同情他、有事說事，隨時化解。

也許只要我們及時給予對方一句讚美，他就會及時停下犯罪的手，而我們的一句咒罵或者指責，可能會讓一個好人也生出怨懟之心。

豐子愷先生在懷念弘一大師的文章裡提到：

有一個人上音樂課時不唱歌而看別的書，有一個人上音樂課時吐痰在地板上，以為李先生看不見的，其實他都知道。但他不立刻責備，等到下課後，他用很輕而嚴肅的聲音鄭重地說：「某某等一等再出去。」於是這位某某同學只得站著。等到別的同學都出去了，他又用輕而嚴肅的聲音向這某某同學和氣地說：「下次上課時不要看別的書。」或者：「下次痰不要吐在地板上。」說過之後他微微一鞠躬，表示「你出去罷」。出來的人大都臉上發紅。又有一次下音樂課，最後出去的人無心把門一拉，碰得太重，發出很大的聲音。他走了數十步之後，李先生走出門來，滿面和氣地叫他過來。等他到了，李先生又叫他進教室來。進了教室，李先生用很輕而嚴肅的聲音向他和氣地說：「下次走出教室，輕輕地關門。」說完就對他一鞠躬，送他出門，自己輕輕地把門關了。

無論對方犯了多大的錯誤，你怒氣衝衝地去指責他，即便你指責的完全在理，別人也不會聽你的，相反他可能比你還生氣、憤怒。每個人犯錯，都有主觀和客觀的原因，一味地指責他有錯，是不公平的，他也會有百般的委屈，他需要的是別人理解、包容，而不是指責。如果能夠從心理上去體諒，那麼，即使你一句話也不說，就已經起到勸人向善的作用了。

我們總是對自己的缺點能夠寬容，對別人卻很苛責，用放大鏡去看別人的缺點，指責別人的時候，往往也是一針見血，切中要害。專往別人的傷口上撒鹽，甚至希望讓別人心服口服，向你跪地求饒。就算你站在真理的肩膀上，也用不著得理不饒人。

這世上沒有絕對的壞人，可是，壞人一旦犯了錯誤，我們就對他不依不饒，責其太過，導致他對別人產生了戒備和敵對的心理，以致發生更嚴重的報復行為，在錯誤的泥潭中越走越深。所以，即使對方十惡不赦，也不可以把對方說得一無是處。如果我們自認為自己是道德高尚的人，喜歡站在道德的制高點去俯視別人、批評別人，對別人的所作所為指手畫腳，那絲毫不能證明你比別人更高尚。相反，只能證明你狹隘、刻薄，招致別人對你的反感和反擊。

凡勸人，不可遽指其過，必須先美其長。蓋人喜則言易入，怒則言難入也。

07 好說話，說好話

凡一事而關人終身，縱確見實聞，不可著口。凡一語而傷我長厚，雖閒談戲謔，慎勿形言。結怨仇、招禍害、傷陰騭，皆由於此。

——弘一大師《格言別錄》

弘一大師這段話告訴我們，說話不可傷人，不可口出惡言。在其著作中曾經提到《華嚴經》，裡面就將口出惡言當作佛教中的第六大惡行。證嚴法師說：「心地再好，嘴巴不好，也不能算是好人。」我們常說，一個人是刀子嘴、豆腐心，這個人嘴巴不饒人，但心地是很好的；快人快語，有什麼說什麼。自然，聰明的人，如果聽到有人批評自己，不應該就此心生怨恨，不可因為別人說話不好聽，就認為他的人品有什麼問題，或者對自己不好。但對於說話的那一方，為什麼就不能改改自己的脾氣呢？多替對方著想，批評的話也可以好好說。的確，很多時候，我們並不想去傷害我們身邊的人，但是我們卻往往因為管不住自己的嘴而對人惡語相向。

人要常說給人歡喜、鼓勵、肯定和讚美的話。多說好話，少說壞話，也是一種修行。有時候，我們遇到某個人或某件事，經常要忍不住發表自己的觀點，也許從本意上，我們是希望能夠讓對方有所受益。比如，你的好友因為失戀向你訴苦，你如果冷言冷語地批評她當初看人不準、陷得太深，這樣只會令她更加痛苦。所以，這時候你要明白，無論她以前犯了多大的錯誤，都不需要你指出來，因為你不說，她自己也會明白，而你的指責，有可能讓她受到更大的傷害。你這時候需要鼓勵她、祝福她，相信她一定能走出陰影，重新獲得幸福。或許你不經意的一句批評就會令對方感到心灰意冷，做出傻事，而一句關懷的話，卻能讓沮喪的人有生存下去的勇氣。因此人要經常檢點自己的口舌。

多說好話，少說壞話，也是一種修行。

作家林清玄在讀高中時，是一個很頑皮的學生，經常被記過，甚至被留校察看。很多老師都不喜歡他，以為這個學生已經無可救藥。國文老師王雨蒼卻找到他，語重心長地說：「我教了五十年書，一眼就看出你是個能成大器的學生。」正是這句話，點亮了林清玄的人生之路，他從此發奮圖強，最終成為一名優秀的作家。有趣的是，走上社會的林清玄也用同樣的話語使一個小偷改過向善。

有一天，林清玄路過一家羊肉爐店的時候，突然聽到一個中年男人的聲音非常熱情地招呼他。那是一個陌生的男人。他拉住林清玄的手說：「林先生一定不記得我了。」林清玄很尷尬地說：「很對不起，我真的想不起在什麼地方見過你。」

中年男人告訴他，二十年前，他是一個非常高明的小偷。作案手段非常高明，犯案上千件，許多被偷的人家幾週後才發現家中失竊，而現場卻找不到任何偷竊的痕跡。但終於有一天他被員警抓住了。當時，在報館擔任記者的林清玄去採訪這個小偷。聽完員警的陳述後，林清玄不禁對這個小偷生起敬意，因為手法這麼細膩的「專業」小偷是很罕見的。而這個長相斯文的年輕人，居然在員警面前拍著胸脯說：「大丈夫敢做敢當，凡是我做的我都承認。」

林清玄百感交集，回去後，寫了一篇特稿，忍不住感慨：「像心思如此細密、手法這麼靈巧、風格這樣突出的小偷，又是這麼斯文有氣魄，如果不作小偷，做任何一行都會有成就吧！」

沒錯，這個老闆就是當年的小偷。因為林清玄的文章打動了小偷，從監獄出來後，他開了家羊肉爐的小店，改邪歸正。

不經意的一句批評就會令對方感到心灰意冷，做出傻事，而一句關懷的話，卻能讓沮喪的人有生存下去的勇氣。

說話不注意，只因一時口快就惡語傷人，不僅傷人面子，還會破壞朋友之間的感情。

有一天晚上，卡內基參加一場宴會。宴席上，坐在卡內基右手邊的一位先生講了一個故事，並引用了一句話，意思是「謀事在人，成事在天。」他說這句話出自《聖經》。卡內基知道這位先生說錯了。他馬上直截了當地糾正這位先生的話，對方立刻反脣相譏：「什麼？出自莎士比亞？不可能，絕對不可能！這句話絕對出自《聖經》。」他自信確實如此！這時，坐在卡內基左邊的朋友格蒙是莎士比亞的研究者，於是，卡內基和那位先生便同時向他請教。格蒙在桌下踢了卡內基一下，然後說：「戴爾，這位先生沒說錯，《聖經》有這句話。」

那晚回家的路上，卡內基對格蒙說：「弗蘭克，你明明知道那句話出自莎士比亞。」「是的，」他回答，「這句話出自《哈姆雷特》第五幕第二場。可是親愛的戴爾，他不過是宴會上的客人，為什麼要證明他錯了？不給他留面子會使他喜歡你嗎？」

卡內基明白了自己的失誤，從此儘量讓自己再也不犯這樣的錯誤了。

逞一時口舌之快只會給自己樹敵，人際交往的原則應該是永遠避免跟別人發生正面衝突。只有謙卑待人，才能得到友誼。但是，許多人的口舌之快，都已經形成了一種習慣，只要是看到或者想到的事情，都會情不自禁地脫口而出。因此，當我們在與人閒談時，說話一定要經過大腦的過濾，好好地琢磨一番再開口。不該說的話最好一句都不要多說。若只為滿足自己的一時口快而言行不慎，讓別人下不了台，也會把自己的事情搞糟，是不禮貌的，也是不明智的。

好美言、惡惡語是人的本性。嘴巴甜的人未必是一個好人，但一個好人一定是一個口出善言的人。證嚴法師說：「心地再好，嘴巴不好，也不能算是好人。」說好話，也如同我們做好事一樣，絕非曲意奉承、拍馬屁，而是出於一種美好的心願，願意使對方感到快樂，得到鼓勵。口出惡言，不需要特殊的訓練就可以做到，但口出良語，卻需要長期修鍊。當我們忍不住想「實話實說」時，不妨馬上在心裡叫停，開始你可能不習慣，總是忍不住，但只要你有恒心，並且能夠意識到自己這種行為不但對己不利，於別人也毫無幫助時，慢慢就會習慣成自然。之後，你可以試著多說好話，試著從另一個角度去開解他人，多看看別人的反應，你會發現，說好話，一點兒也不難。當然，好話要說得發自肺腑，而不是口是心非。說好話不光是一種技巧，更是一種做人的心態。說好話也是心地善良的表現，只要你設身處地地為別人著想，知道即使是出於善意的批評也會給別人造成傷害時，就自然知道如何「好言相勸」了。

管好自己的嘴，做一個言出友善、話語暖人的人。

08 通過自我警醒、悟知改掉壞習慣

吾人之習慣甚多。今欲改正，宜依如何之方法耶？若臚列多條，而一時改正，則心勞而效少。以餘經驗言之，宜先舉一條乃至三四條，逐日努力檢點，既已改正，後再逐漸增加可耳。

——弘一大師《改習慣》

弘一大師在《改習慣》一文中寫道：

吾人因多生以來之夙習，及以今生自幼所受環境之薰染，而自然現於身口者，名曰習慣。

習慣有善有不善，今且言其不善者。常人對於不善之習慣，而略稱之曰習慣。今依俗語而標題也。

在家人之教育，以矯正習慣為主。出家人亦爾。但近世出家人，惟尚談玄說妙。於自己微細之習慣，固置之不問。即自己一言一動，極粗顯易知之習慣，亦罕有加以注意者。可痛歎也。

余于三十歲時，即覺知自己惡習慣太重，頗思盡力對治。出家以來，恒戰戰兢兢，不敢任情適意。但自愧惡習太重，二十年來，所矯正者百無一二。

自今以後，願努力痛改。更願有緣諸道侶，亦皆奮袂興起，同致力於此也。

吾人之習慣甚多。今欲改正，宜依如何之方法耶？若臚列多條，而一時改正，則心勞而效少。以餘經驗言之，宜先舉一條乃至三四條，逐日努力檢點，既已改正，後再逐漸增加可耳。

法師認為，一個人在改正以往的缺點和不良習慣時，往往急於求成，希望馬上就能夠改掉，恨不得自己馬上就變成另外一個全新的自己。但實際情況是，越著急的人，越難以改掉壞習慣。因為改掉一個壞習慣不是一天兩天就能辦到的。比如，有些人有吸煙的習慣，如果他們的手上突然沒有了煙，就會變得很煩躁，在明知道吸煙有害健康的情況下，這些人也會因為難以克制吸煙的欲望而舊習復燃。我們常說惡習難改，一個人一旦養成一個壞習慣就很難改掉，越著急就越改不掉。那怎麼辦呢？法師認為要慢慢來，一次改掉一個缺點，改掉一個之後，再改另一個。

改掉一個壞習慣的同時，就證明你養成了一個好習慣。要改掉喝酒、抽煙的習慣，不妨用喝茶代替。有一個人有看著電視才能入睡的習慣，這樣誠然可以幫助他入睡，但卻很浪費，實在沒有必要。後來，他就想了一個辦法，用看書來取代看電視，直到睏意襲來為止。而且，即使在睡前只看一頁書，天長日久，也會收穫很大。記住，一定要用好習慣來代替壞習慣，而不是用壞習慣來代替壞習慣。比如，有的戒煙者在戒煙之後，會變得暴飲暴食，這就是用一個壞習慣代替了另一個壞習慣。有一個小孩，老是愛玩遊戲，家裡怎麼管也管不住他。後來，有一陣子，媽媽發現他突然不玩遊戲了，心裡很高興，以為他改掉了壞習慣。後來才發現，他雖然不愛玩遊戲了，卻迷上了賭博。

當我們決定要改掉一個壞習慣的時候，最好不要對自己說，我要改掉壞習慣，而是要對自己說，我要養成另一個好的習慣。比如你不愛洗澡，你就對自己說，我要變乾淨，從今天開始每天都洗一次澡。如果沒有這個條件，也可以一周洗一次。如果你只是說，我要改掉不愛洗澡的習慣，就有可能永遠也改不掉。為什麼呢，因為你沒有目標。你不知道要多久洗一次才算是愛洗澡。等你習慣了每天洗一次澡，三天不洗就會覺得難過。這就是好習慣的力量。

用好習慣來代替壞習慣是一個必要的過程，只有這樣，才能避免改掉一個壞習慣的同時又養成另一個壞習慣。

我們在改自己的壞習慣時，很容易對自己心軟，狠不下心。比如，有人為了減肥，連續五天沒有吃肉了，到了週末，為了補償自己，大吃了一頓。結果呢，大吃完了，又會想，還是肉好吃，算了，胖就胖點兒吧，不就是胖點兒嗎？於是，減肥計畫就這樣泡湯了。我們太容易寬容自己了。

弘一大師修行深厚，對自己要求甚嚴，然而即使是這樣的高僧仍然認為自己惡習太重。

弘一大師鑽研律學，對改正習慣之法非常注意。在一次演講中，法師列舉了僧侶七條不好的習慣，這些習慣雖出自山門，而且在僧侶的努力下已改過，但對在俗的人仍有參照作用。

首先是「食不言」，吃飯時不要說話。吃飯時說話，含著一嘴飯菜大談特談，不但有礙消化，也很不雅觀。

第二，不非時食。該吃飯時吃飯，不該吃飯的時候不吃，養成按時吃飯的習慣。在出家人，吃飯定時是一種戒律。對普通人來說，按時吃飯是為了讓我們的身體健康。吃飯不定時，會造成消化系統紊亂，於身體無益。

第三，衣服樸素整齊。「衣服樸素整齊。或有舊制，色質未能合宜者，暫作內衣、外罩如法之服。」現代人物質極大豐富，當然不必新三年、舊三年，縫縫補補又三年。但是，我們仍然要注意在穿著上不要過度浪費，有些人買衣服動不動就名牌，結果把自己搞得經濟壓力太大。這就不是一個好習慣。對於不再穿的衣服，應該洗乾淨、疊整齊，將它們送給需要的人。

第四，別修禮誦等課程。每日除聽講、研究、抄寫及隨寺眾課誦外，皆別自立禮誦等課程，盡力行之。或有每晨於佛前跪讀《法華經》者，或有讀《華嚴經》者，或有讀《金剛經》

者，或每日念佛一萬以上者。

第五，不閒談。出家人每喜聚眾閒談，虛喪光陰，廢弛道業，可悲可痛！今諸道侶，已能漸除此習。每於食後或傍晚、休息之時，皆於樹下簷邊，或經行、或端坐、或默誦佛號、或朗讀經文、或默然攝念。

平時大家都愛聊天打發時間。有些人甚至把聊天當成打發日子的重要內容。如果我們找不到人同我們聊天，就覺得無聊。上班的時候也喜歡和同事聊家長里短，很多重要的事情都被放在一邊。這當然也不是個好習慣，因為聊天耽誤了工作。但是，我們明知道不該這樣，卻總是控制不住自己。把聊天的時間用來學習、工作，哪怕聽聽音樂，也比說些無意義的閒話要有意義得多。

第六，不閱報。各地日報，社會新聞中，關於殺盜淫妄等事，記載最詳。而淫欲諸事，尤描摹盡致。雖無淫欲之人，常閱報紙，亦必受其薰染，此為現代世俗教育家所痛慨者。故學律諸道侶，近已自己發心不閱報紙。

法師認為，報紙上為了吸引讀者，多登一些負面的新聞，每天花時間讀這種新聞除了讓自己心不安之外，也浪費時間。至於現代人，每天透過各種媒體管道，獲得的這類資訊就更多了。所以，在閱讀這些資訊時，也應該有選擇地去閱讀，同事、朋友之間，甚至網友之間，往往會為了某個新聞熱點討論半天，真是浪費生命。對於網上的那些形形色色的新聞，如果你沒有很強的分辨能力，很可能會影響到人的善惡觀。

第七，常勞動。出家人性多懶惰，不喜勞動。今學律諸道侶，皆已發心，每日掃除大殿及僧房檐下，並奮力做其他種種勞動之事。

我們可能會喜歡做很多事情，比如，小孩子喜歡玩，女人喜歡逛街，男人喜歡打球。可是，我們偏偏不喜歡勞動。什麼是勞動呢？家務、工作，都是勞動。有些年輕人，髒衣服、髒襪子堆成山了都懶得洗，可是，打一夜的遊戲他都不會覺得累。

如果我們能做到以上七條，那麼，生活就會變得清淨、充實。一二三條告訴我們生活要有節制，四五六條告訴我們要隨時淨化自己的心靈，少被他人和社會的是非干擾，第七條則是所有習慣的根本。

如果這些壞習慣都沒有，那麼，就像弘一大師這樣，想一想，自己還有什麼壞習慣吧。

改掉一個壞習慣的同時，就證明你養成了一個好習慣。

放下小筆記

在人生的旅途中，要學會放下遭遇過的各種不幸、挫折、失敗、痛苦……只有這樣，才能騰出心靈的空間去感受生活的美好。

Part 6
看淡紅塵紛擾，內心自在安閒

人生的很多「得」，都可能緣於我們某一次的「失」。月有陰晴圓缺，人有旦夕禍福，人生在世，總是有得有失。既然得失難測，禍福無常，何不豁達灑脫一些呢？得之淡然，失之泰然。

01 安好你的心，從容生活

應事接物，常覺得心中有從容閒暇時，才見涵養。

——弘一大師《格言別錄》

弘一大師在這裡講到了「從容閒暇」四字，在他看來，一個人面對任何事情都能從容閒暇，那麼這個人就可以稱得上是一個有涵養的人。無論處事、待人接物，心中常常有從容、遊刃有餘的感覺，忙而不亂，才表現出一個人的涵養功夫。而要達到這樣的修養功夫，首先就要克服心浮氣躁、感情衝動。

「從容閒暇」四字意義深廣，一個人能夠在待人時從容閒暇，可以看出這是一個懂禮貌且具有包容之心的人。在與人相處的時候，一個彬彬有禮的人，才能做到從容不迫，一個有包容之心的人，才能在與旁人發生摩擦或者是受到侮辱的時候，依舊從容閒暇。一個人能夠在做事的時候從容閒暇，更能彰顯一個人的修養。「泰山崩於前而面不改色」之人，定然是一個不平凡的人。

涵養就是內斂，就是控制自己的情緒，不露聲色才是真正的涵養。「古井不波」是做人的極高境界，無論是遇到危難，遭遇不幸，還是欣逢喜悅，我們都要平靜如水。「寵辱不驚，看庭前花開花落；去留無意，任天空雲卷雲舒」，將世事看淡一些，這就是涵養。

弘一大師說：「劉念台云：『涵養，全得一個緩字，凡言語、動作皆是』。」一個「緩」字道出了涵養的精髓所在。劉念台，明朝學問家劉宗周，號念台，他告誡學生說：「涵養品行，完全得自於一個緩字，無論言語、動作都要徐緩安詳，不可急躁莽撞。」所以，劉念台先生又說：「容易感情用事、喜怒無常，隨便講話、評論是非，放任自己妄念紛飛，都是心浮氣躁起作用，這是德行涵養不能成就的病根，不可以輕視。」

非洲的某個土著部落迎來了從美國出發的旅遊觀光團。部落中有一位老人，他正悠閒地坐在一棵大樹下面，一邊乘涼，一邊編織著草帽。

編完的草帽，他會放在身前一字排開，供遊客們挑選購買。十元一頂的草帽，造型別致，而且顏色搭配也非常巧妙。他的那種神態，真的讓人感覺他不是在工作，而是在享受一種美妙的心情。

這時候，一位精明的商人盤算開了：「這樣精美的草帽如果運到美國去，至少能夠獲得十倍的利潤吧！」

商人對老人說：「假如我在你這裡定做一萬頂草帽的話，你每頂草帽給我優惠多少錢呀？」

他本來以為老人一定會高興萬分，可沒想到老人卻皺著眉頭說：「這樣的話啊，那就要二十元一頂了。」

批發反而要加價，這是他從商以來聞所未聞的事情呀。

「為什麼？」商人很疑惑。

老人講出了他的道理：「在這棵大樹下悠閒地編織草帽，對我來說是種享受。可如果要我編一萬頂一模一樣的草帽，我就不得不夜以繼日地工作，疲憊勞累，失去了從容，失去了快樂。難道你不該多付我些錢嗎？」

人最寶貴的東西是生命和心靈，把生命照看好，把心靈安頓好，人生即是圓滿。只有把心靈安頓好，我們才能身處喧囂的都市中，把鋼鐵水泥化為青山綠水，詩意地棲居、輕靈地飛揚；寵辱不驚、順其自然，學會大度看世界、從容過生活。只有這樣，我們才能成為一個快樂的人，才能享受到真正的幸福。

人最寶貴的東西是生命和心靈，把生命照看好，把心靈安頓好，人生即是圓滿。

英國和芬蘭的研究人員通過對兩千多名英國公務員的工作狀態和心理健康狀態的調查發現，每天工作十一個小時以上或每週工作五十五個小時以上的人，與每天工作七、八個小時的人相比，患抑鬱症的風險要高出兩倍多。

隨著商業經濟的快速發展，現代人的生活節奏越來越快，忙碌、躁動使我們心力交瘁。我們犧牲了寶貴的健康和悠閒生活，換來的是物質的過度消費和心靈的空虛。如何尋求一種更加健康的生活方式，一直是困擾著現代人的難題。因為我們做事貪快、求快，結果，只是做一些表面工夫，很少有人能把事情做到位的。在做事的時候，多些從容閒暇，不但能夠提高我們的工作效率，還有利於我們的身體健康。

八十多歲高齡的金庸先生曾說：「我的性子很緩慢，不著急，做什麼事情都徐徐緩緩的，但最後也都做好了。人不能老是緊張，要有張有弛，有快有慢，這樣對健康很有好處。」

的確，我們看見那些「慢性子」的人做什麼事都慢慢來，可是，我們也沒見他們比別人少做了什麼事。飯照樣吃，工作照樣做，甚至有的人，你明明看他成天悠然自得，日子卻依然過得比別人滋潤，這是因為，他掌握了正確的工作方法，所以，不必忙碌，也依然能夠做好一切。我們也一定看到過生活中那些忙忙碌碌的人，其實，反倒是一些沒有作為的人。他們忙，卻什麼事也沒有做好，什麼事情也沒有真正完成。就像寫文章，有的人一個月寫了幾十萬字，卻不可卒讀，有的人只寫了一萬字，卻字字珠璣。求快的那個人雖然花了不少時間，可是，他並沒有真正的完成一件事情。從容的人，每天喝喝茶、散散步，把身心調整後，再慢慢下筆，不慌不忙，交出的反而是完美的作品。

所以，我們看到做事從容的人，從來不給自己安排超出能力範圍的工作，除了工作以外，他們還會替自己安排休息和娛樂的時間。

有涵養的人必定是非常穩重的，無論遇到什麼事都能保持言語動作和平時一樣。比如說，當我們遇到開心的事情時，必然會言語加快，向別人宣佈好消息，或者是在說話時手舞足蹈，以顯示自己的高興；當遇到不開心的事情時，就會意志消沉，情緒低落，被人一眼看穿。有涵養的人則喜怒不形於色，遇到再大的困難，他們都不會表現出驚惶失措，他們會在私下儘量設法解決，等到問題已經解決的時候，其他人可能還渾然不知。

有涵養的人之所以受人尊重，是因為他們的舉手投足帶給人以優雅、深沉的感覺。我們在遇到開心的事情時，可能忘乎所以、喜形於色，什麼禮儀風度都拋到了腦後；遇到不開心的事情時，會傷心難過，到處訴說，甚至詛咒謾罵。而有涵養的人無論在什麼時候，都能保持那份從容，好像天下事都不在他的心中，任何事情都動搖不了他，甚至讓人感覺天下事似乎盡在他的預料中，所以他們才會如此不動聲色。

在做事的時候，多些從容閒暇，不但能夠提高我們的工作效率，還有利於我們的身體健康。

02 花繁柳密處撥得開，風狂雨驟時立得定

花繁柳密處撥得開，方見手段；風狂雨驟時立得定，才是腳跟。

——弘一大師《格言別錄》

這是在弘一大師房間裡掛的一幅書法作品，意思是說，只有經得起誘惑和災難的考驗，才能夠達到人生的大境界。用我們現在常用的兩個字來表達，就是淡定。

在誘人的欲望面前能夠不為所動，能夠撥開繁華，能夠走出來，在災難和危險面前，能夠淡定自若。如果我們能夠做到如此，那麼，生活就沒有什麼能夠干擾到我們的心志和情緒了。

宋代大文豪蘇東坡有一句詩：「回首向來蕭瑟處，歸去，也無風雨也無晴。」風雨也好，晴天也好，在東坡先生這裡是沒有分別的，人該怎麼過日子就怎麼過日子。

一開始，人要克服欲望和人生的逆境，是需要很大的毅力和理智的，但是，時間久了之後，你就會把這些看作極其自然的事情，不用刻意去抗拒什麼了。

星雲大師到某地講經弘法，半路上遇到了嚴重的塞車。為了不耽誤時間，當地政府派了兩輛警車，一前一後，專門為星雲大師開出一條通路來。隨行的徒眾一陣歡呼，皆面露得意

之色。星雲大師將這一切看在眼裡，他不失時機地問徒眾：「假如警車載我不是去趕赴會場、不是去講經弘法，而是押著我準備送進囚牢，你們心中會有什麼想法？」

「那心情就大不一樣了。」眾人紛紛道。

星雲大師說道：「一般人上了台就好歡喜，大肆慶祝；一旦下了台，就失魂落魄，好像人生死了一半。實際上，不管上台下台，都應該平常心看待。上台也好，下台也罷，都要歡喜。」

人生是悲是喜，是好是壞，是風是雨，對淡定的人來說，都不過是人生最自然的事，不值得大驚小怪，更不會隨之改變自己的情緒。

人生在世，窮富、成敗、得失，都不過是人生路上的某一個瞬間，一種狀態。就像我們在路上遇到了一塊石頭，你越過去了，你還是你；天空突然下起一陣雨，把你的身體淋濕了，但是，太陽很快就會出來，衣服很快就會乾。這些，對我們的人生產生不了任何影響。因為對你而言，走在風雨裡的那個人還是你自己，還能夠依然前行。那麼，你暫時遇到困難，有什麼值得大驚小怪的呢？因為，這對我們而言，根本改變不了什麼。

弘一大師說：「人當變故之來，只宜靜守，不宜躁動。即使萬無解救，而志正守確，雖事不可為，而心終可白。否則必致身敗，而名亦不保，非所以處變之道。」

這段話的意思是說，當我們的人生遭遇變故時，不應該怒髮衝冠，急急忙忙地去採取措施，而應該保持安靜、等待時機。即使你要做的事情已經徹底失敗，但只要我們的志向是趨向正義的，只要我們的這顆心沒有變質，就夠了。如果我們這時候急於為自己辯解，為自己爭取，反而可能招致更大的麻煩，搞得身敗名裂。

人生在世，窮富、成敗、得失，都不過是人生路上的某一個瞬間，一種狀態。就像我們在路上遇到了一塊石頭，你越過去了，你還是你。

03 得意淡然，失意泰然

自處超然，處人藹然；無事澄然，有事斬然；得意淡然，失意泰然。

——弘一大師《格言別錄》

所謂「得意淡然」，就是指在得到晉升、財富、名譽這些身外之物時，要看淡，不要洋洋得意，忘乎所以；所謂「失意泰然」，是指在學業、事業、婚姻、家庭、生活等方面遇到挫折時，不怨天尤人，不自暴自棄。要能夠從逆境中奮起，勇於拼搏，從頭再來。

不因為自己做的事情好而得意，也不因為自己失去了什麼而放聲痛哭，這也就是我們所說的「不以物喜，不以己悲」。它是一種思想境界，是古代修身的要求。即無論外界或自我有何種起伏喜悲，都要保持一種豁達淡然的心態。

著名畫家劉海粟和弘一大師是好朋友。弘一大師出家後苦修律宗，一次到上海來，許多當高官的舊相識熱情招待他住豪華的房子，但他都謝絕了，情願住在一間小小的關帝廟中。當劉海粟去看他時，發現他赤腳穿著雙草鞋，房中只有一張板床。劉海粟看到這樣的情景，難過得哭了，但弘一大師卻雙目低垂，臉容肅穆。劉海粟求弘一大師給他一張字，他只寫了「南無阿彌陀佛」。

佛家講「放下」，放下就是拋棄一切牽絆和煩惱，如果我們不能學會放下，就無法達到一個更高的境界。

在紐約市的中心公園裡，長椅上每天都坐著一個衣衫襤褸的流浪漢，他每天都出神地看著公園對面的一棟別墅。終於有一天，住在別墅裡的富翁來到他面前，好奇地問道：「你為什麼每天都坐在這裡盯著我的房子看呢？」

流浪漢說：「是這樣的，我每天晚上都要睡在這張長椅上，不過，我每天晚上做夢都夢到住進了你的別墅裡。」富翁童心大發，說：「你的夢想今晚就可以成真了。你現在就可以到我的別墅裡住上一個月。」流浪漢非常高興地跟著富翁來到了別墅裡。誰知第二天，富翁從別墅的視窗看到流浪漢又坐在公園的長椅上。富翁十分不解，來到公園裡問他：「住在別墅裡不是你的夢想嗎？你為什麼又搬出來了呢？」

流浪漢說：「先生，我十分感謝您為我做的一切。但是，當我睡在椅子上夢到睡在別墅裡時，那種滋味妙不可言。可是當我真的睡到別墅裡時，我卻夢見又回到了冷冰冰的椅子上，這大大地影響了我的睡眠。」

初讀這個故事，我們都會覺得這個流浪漢可憐又可笑。其實，這個流浪漢就是我們人生的寫照。不過，可喜的是，這個流浪漢很清楚地知道，幸福只是一種內心的感受，所以，當他睡在別墅裡卻夢見自己睡在冷冰冰的長椅上時，為了不影響睡眠品質，果斷地回到了公園裡。然而，很多人寧可天天住在不是自己的別墅裡心驚膽戰，也不願意搬出去。

其實，不管是哪一種生活，都有得有失。我們必須明白，人生得失無常，對已經得到的，要懂得珍惜，但不必得意；對已經失去的，不必痛苦，也不必失意。我們失去的多，得到的更多，患得患失，是最愚蠢的行為。患得患失的人，就像夏天抱著火爐，冬天抱著冰塊，看似擁有，其實，他永遠在害怕失去的痛苦中煎熬。

我們必須明白，人生得失無常，對已經得到的，要懂得珍惜，但不必得意；對已經失去的，不必痛苦，也不必失意。

從前有個國王，非常喜歡打獵。有一次，他在打獵時不小心被老虎咬掉了一截小指。國王因此不開心了好一段日子。身邊的一位大臣勸解道：「陛下，您少了一截小指，總比丟了性命強多了，想開一些，這些都是上天最好的安排。」

國王聽了，氣急敗壞，心想：你這不是明擺著說風涼話嗎？

於是，他氣哼哼地問：「假如我將你關進大牢，你也認為這是上天最好的安排嗎？」

「當然。」大臣很淡定地回答。

「來人，把這個無禮的奴才給我關進大牢裡去！」

侍衛立即把這個不知好歹的大臣抓起來，關進了大牢。

過了幾天，傷勢已經痊癒的國王又到森林中打獵。不料，這次竟被一個原始部落活捉了去，被五花大綁地架到了一口大鍋前。原來，這個部落每逢滿月都要下山尋找一個人，作為祭祀神靈的祭品，部落首領下令把國王的衣服全部脫光。

正當國王絕望等死的時候，卻聽到部落首領說：「這個人缺了一截小指，不能作為神的祭品。」意外脫險的國王飛馬回宮，做的第一件事就是親自來到大牢釋放了那位大臣，並在宮中設宴款待他。

「你說得果然沒錯，這一切都是上天最好的安排，要不是斷掉一小截手指，我現在連命都沒了！」不過，國王馬上又想到了另一件事：「你本來並沒有犯什麼錯，卻被我無緣無故關了好幾天，難道這也是上天最好的安排嗎？」

「當然，」大臣回答說：「如果不是陛下把我關進了大牢，這次我一定會陪您去打獵，那麼，被當作祭品的人一定就是我了。所以我要向陛下敬一杯酒，感謝您把我關進了大牢，救了我一命呀！」

「塞翁失馬，焉知非福」，更有一位哲人說：「如果把人一生中的獲得和失去相加，得到的結果必然為零。也就是說，人從來到這個世界到離開這個世界，失去了多少，必然也就得到了多少。」大部分人都能以坦然的心態面對「得」，卻不能坦然地面對「失」。似乎得到自己想要的東西是天經地義的，一旦失去，就會感到難以接受。其實，人生的很多「得」，都可能緣於我們某一次的「失」。因為那一天我錯過了火車，我邂逅了你；因為那一天我失去了工作，我不得不重新敲開了另一扇人生的門。月有陰晴圓缺，人有旦夕禍福，人生在世，總是有得有失。既然得失難測，禍福無常，何不豁達灑脫一些呢？得之淡然，失之泰然。

人生的很多「得」，都可能緣於我們某一次的「失」。

04 告別那些沒有意義的應酬

人情應酬可省則省，不必遷就勉強敷衍。——弘一大師

法師出家後，拒絕各種應酬活動，然而由於他的名氣太大，依然有很多人慕名拜訪，但是他認為這種應酬毫無意義，對他的靜修有害無利，因此大多數的時候，他都會選擇避而不見。

當年弘一大師在溫州某寺靜修的時候，溫州道尹林鵾翔慕名前來拜訪，前前後後總共來了四次，都被他稱病謝絕。後任道尹張宗祥又來求見，他是弘一大師的老同事，寺主寂山長老不便辭卻，弘一大師乞求說：「弟子出家，非謀衣食，純是為了生死大事，都拋棄了，又何況官家朋友？請師父以弟子有病為由送走客人。」

應酬似乎成了人們生活中必不可少的一項活動，弘一大師這樣一個出家人也不能避免，更何況我們呢！在日常生活中，同學聚會、公司聚餐……總之，大大小小的應酬總是不斷。只要生活在繼續，應酬也就在繼續。在應酬的場合裡，說著自己不願意說的話，做著自己不願意做的事，然而我們卻又難以逃脫應酬，因為我們不願意得罪人。

很多時候，我們明知道一些應酬是沒有任何意義的，但是因為已經接到了邀請，如果不

去，就會讓人覺得不給面子，硬著頭皮也要去。應酬簡直已經成了現代人的一個沉重負擔。也有些應酬是十分必要的，比如，朋友遠道而來，一些意氣相投的朋友聚在一起談談天；去拜訪一些值得拜訪的人等。可恰恰相反，現代人反而忽略了這些必需的應酬，卻參加不得不參加的應酬。

為什麼我們就不能像弘一大師那樣，敢於薄人情面、拒絕應酬呢？其實，從弘一大師拒絕應酬的事我們可以看出，如果一個人事先把自己不喜歡參加應酬這個話透露出去，並且堅持的話，別人也能夠理解這是你的個性。即使他們心裡不大願意，也不會太怪罪你。如果他覺得只有接受他的邀請才算是朋友的話，你最好告訴他，對你而言，你確實非常痛苦於交際，不擅長和陌生人打交道。

據統計，中國百分之八十的生意都是在酒桌上談成的，所以，更多的人覺得，不應酬會失去很多發財的機會。更有一些喜愛交際的人，一天都離不開應酬。交際也是一門藝術，如果我們能夠遊刃有餘地進行交際，那最好不過。但不可否認的是，如果應酬占去了人生的大部分時間，我們的生命在推杯換盞中無端浪費掉了，也實在是可惜。

所以，身為現代人，應該做好應酬和生活的平衡。一些現代人更因為應酬太多，連和家人在一起的時間都沒有，這就更加得不償失了。

應酬帶給了我們很多煩惱。在人際交往的過程中，頻繁的應酬使得我們身心疲憊。應酬佔用了我們太多的時間，在應酬的影響下，我們沒有時間過自己的生活，沒有時間陪伴家人，身體也被應酬拖垮，腰包被應酬掏空。

弘一大師在閉關修佛時曾說：「不可閒談，不晤客人，不通信（有十分要事，寫一紙條交與護關者）。凡一切事，盡可俟出關後再料理也，時機難得，光陰可貴，念之念之！」捨掉閒談，捨掉見客，捨掉與人通信，用留下的時間來閉關修煉、研究佛法。要成就事業，沒有這樣的精神絕對不行。如果你或你的朋友經常抱怨應酬花去了太多時間，那麼，就算會得罪人，也要果斷地推掉這些應酬。

一九三七年暮春時節，弘一大師應倓虛老和尚的邀請，偕隨行弟子傳貫、仁開、圓拙並倓虛老和尚派來迎接的夢參法師一行五人，自廈門赴青島湛山寺講律。

有人這樣記載說：

「每逢大眾上課或朝暮課誦的當下，院裡寂靜無人了，他老常出來在院裡各處遊走觀看，態度沉靜，步履輕捷，偶然遇見對面有人走來，他老必先捷速回避，表面似像很怕人，其實我想他老是怕人向他恭敬麻煩。他老常獨自溜到海邊，去看海水和礁石激撞，據說那是他老最喜歡看的，假使這時能有豐子愷先生同遊，信筆給繪幅『海上之弘一律師』圖，那真能有飄然出塵之趣了。有一天晚上，朱子橋居士因悼亡友乘飛機來自西安，特來拜訪他老，他老接見了。同時市長某公，是陪著朱老同來的，也要借著朱老的介紹和他老見一見。他老疾忙向朱老小聲和藹地說：『你就說我睡覺了。』第二天上午，市長請朱老在寺中吃齋，要請他老陪一陪。他老只寫了張紙條送出來作為答復：寫的是『為僧只合居山谷，國士筵中甚不宜』。」

哪些應酬是自己滿心歡心要參加的，哪些應酬就算有天大的情面也不去。法師自有他的標準和分寸。為了虛名和利益而參加的應酬，法師是拒絕的，拒絕的理由更是讓人肅然起敬。也許，弘一大師素來是個不喜歡交際的人，但即使你是一個喜歡交際的人，如果成天把時間都用在應酬上，恐怕也不是合適的。要知道，人生除了應酬之外，實在還有更多的事情可以做。應酬不但耽誤了我們的許多寶貴時間，而且，過多的應酬還會使人迷失，推杯換盞間，若說全是意氣相投是不可能的，彼此的客套敷衍實在沒有必要。一旦和人在一起，我們的行事、談話，皆要遷就他人，難免違背我們的本心，干擾我們的意志。所以，減少不必要的應酬，實在是人生的一大要事。

應酬帶給了我們很多煩惱。在人際交往的過程中，頻繁的應酬使得我們身心疲憊。

05 珍惜生活，學會認真對待每一天

弘一大師由翩翩公子一變而為留學生，又變而為教師，三變而為道人，四變而為和尚。每做一種人，都十分像樣，好比全能的優伶。……都是「認真」的緣故，說明了李先生人格上的第一特點。

——豐子愷《懷李叔同先生》

豐子愷先生在懷念弘一大師時曾說：

弘一大師由翩翩公子一變而為留學生，又變而為教師，三變而為道人，四變而為和尚。每做一種人，都十分像樣，好比全能的優伶。……這都是「認真」的緣故，說明了李先生人格上的第一特點。

現在弘一大師在福建泉州圓寂了。噩耗傳到貴州遵義的時候，我正在束裝，將遷居重慶。我發願到重慶後替法師畫像一百幀，分送各地信善，刻石供養。現在畫像已經如願了。

我以為人的生活，可以分作三層：一是物質生活，二是精神生活，三是靈魂生活。物質生活就是衣食，精神生活就是學術文藝，靈魂就是宗教。「人生」就是這樣的一個三層樓。

弘一大師是一層一層走上去的。弘一大師的「人生欲」非常強！他的做人一定要做得徹底。

他早年對母盡孝，對妻子盡愛，安住在第一層樓中；中年專心研究學術，發揮多方面的天才，便是遷居二層樓了；強大的「人生欲」不能使他滿足於二層樓，於是爬上三層樓去，做和尚，修淨土，研戒律，這是當然的事，毫不足怪的。

他的生活非常認真，舉一例說：有一次我寄一卷宣紙去，請弘一大師寫佛號。宣紙多了些，他就來信問我，餘多的宣紙如何處置？又有一次，我寄回件郵票多了幾分，他把多的幾分寄還我。以後我寄紙或郵票，就預先聲明：餘多的送與法師。

我和李先生在世間的師弟塵緣已經結束，然而他的遺訓——認真——永遠銘刻在我心頭。古人說：「出家乃大丈夫事，非將相之所能為。」他既出家做了和尚，就要像個和尚。

做什麼就像什麼，這是弘一大師一向做人的態度。做兒子，便做孝順的兒子；做老師，便做個好老師；做僧人，便做個徹底的僧人。就是在念佛的時候，弘一大師都是一絲不苟，一字一音，發音標準而到位，絕無漏字斷句的情況。而且，他在念佛的時候從不會因為外在的原因而打斷自己，除非決定不念，要念就一定一次念完。

他出家後，身體力行，嚴守戒律，過著苦行僧的生活。他堅持佛教戒律中「過午不食」的原則，每天只吃早、午二餐。有人請他吃飯，必在午睡前進行，平時素食，如有香菇，必卻之不食；有豆腐，亦不吃。唯食清煮白菜，而且用鹽不用油，長年累月如此。

有個盲人花匠，一生酷愛種花，雖然他一生都沒有親眼見過自己種的花開的什麼樣子。

然而，他用手去觸摸那些花朵，感覺花的美麗，他用鼻尖輕觸花心，用心嗅出每一朵花心。無論是什麼花，在盲人花匠的照料下都開得無比豔麗。

這就是認真的結果。世人只要記住「認真」二字，就沒有做不成的事情。

有一個人居住在祖傳的百年老屋裡。一天，他突然收到一封從國外寄來的信，信是用英文寫的，不識英文的他滿懷疑惑，他和自己的家人從來沒有國外的親友，這封信大概寄錯了吧！

他找來一名翻譯，翻譯出信的內容。信是從英國的一所大學寄來的，收信人為「房屋主人」。寄信人署名為湯姆。信的大致內容是這樣的：

「我是您所居住的房子的建築設計師，為此，我深感榮幸。它是我年輕時代最得意的作品。令我難過的是，它如今已經經歷了百年風雨，就像一位走向衰老的人，壽命將盡，無力再承受任何風雨，無力庇護它的主人了。它必須和您，以及您的家人作最後的告別了。若再住下去，我擔心您和家人的生命和財產將受到威脅。當然，作為房子的設計者，我無權要求您儘快搬離心愛的家園，但是，作為一名稱職的設計師，我有責任將這一危險告知您！並請您務必搬離這裡！希望您和家人幸福安康！」

房主很快就搬出了這座百年老屋，並且，懷著無比感激的心情給對方回了一封信，在信中，他還邀請湯姆來中國做客。一個月後，他收到了回信。信並不是湯姆本人寄來的，而是湯姆的孫子。原來，這座老屋是湯姆年輕時來中國旅行時設計建造的。如今，他已經去世了。去世前，湯姆留下了這封信，向兒子交代了替他寄信的確切時間，囑咐他們一定要將這封信交到房屋主人的手中。

不久之後，在一場暴風雨中，這座老屋轟然倒塌。

認真，就是做好每一件小事，決不放過細枝末節，也絕不會去考慮投入和產出的成本。即使你只是一個小小的花匠，做著微不足道的事，但只要認真去做，就是在完成一件偉大的作品。任何事，都可以使我們的生命煥發出光輝，把每一件小事做好，你就會成為一個偉大的人。

專注就是集中注意力，全神貫注，專注帶來驚人的效率。在做一件事時，投入多少時間並不重要，重要的是你是否「連貫而沒有間斷」地去做。倘若你在做一件事情的時候，三心二意，絕不可能換來高效率。即使你本來有這方面的天賦，也不可能取得大成就，還可能荒廢了自己這份天賦。

認真，就是做好每一件小事，決不放過細枝末節，也絕不會去考慮投入和產出的成本。

在日本歷史上有兩名一流的劍客，一位是宮本武藏，另一位是柳生又壽郎，他們兩個是師徒關係，宮本是柳生的師父。

當年，柳生拜宮本為師的時候，柳生問宮本：「師父，以我的資質，我需要練多久才能成為一流的劍客呢？」

宮本想了想說：「用盡你的一生吧！」

柳生皺了皺眉頭說：「一生？一生太久了。假如您肯教我，我加倍苦練，多久才能成為一流的劍客呢？」

宮本回答：「那需要十年吧！」

柳生低下頭，還是搖了搖頭：「十年也太久了。如果我更加努力去練，那需要多久呢？」

「二十年。」宮本回答。

柳生吃驚地看著宮本，繼續問道：「那如果我再加倍去努力，需要多久呢？」

「那你可能一生也成為不了一流的劍客。」

柳生驚訝萬分，不理解宮本的意思。

「要當一流劍客的先決條件，就是要專注，專注於練劍，你的劍術才可能會一流。但是你在練劍的時候，眼睛以及心裡卻想著別的事情，想著如何才能贏得名利，這又怎麼能夠成功呢？」

專注也是一種執著，只有不讓自己受外界瑣碎事困擾的人，才能始終向著自己的目標奔跑。專注讓我們目標明確，專注讓我們打起精神提高警惕，得到我們想要的。

06 悅納苦難，將心事交付清風浮雲

心志要苦，意趣要樂；氣度要宏，言動要謹。

——弘一大師《說佛》

喬達摩出生時，一個婆羅門相者來到皇宮，他的父親釋迦族國王被告知，這個小王子長大後會離家修遊，成為一個出家苦修的聖人。國王非常驚恐，因為他只有這一個王子，作為國家唯一的王位繼承人，他不能讓這個孩子成為出家人。婆羅門告訴國王，不可以讓他看見任何不幸的事物，如死亡、疾病等，也許，這一切還可以避免。國王為了讓王位後繼有人，就禁止兒子離開皇宮，讓王子享受榮華富貴，不受到一點兒委屈，不讓他眼中看到任何不幸，哪怕是一片落葉。

就這樣，喬達摩長大了，他不知道人世間除了富貴還有苦難，除了青春還有衰老，除了美麗還有醜陋，除了生還有死。後來，他娶了美麗的耶輸陀羅公主為妻，生下一個可愛的兒子。不過，婆羅門的預言還是應驗了。這一天，喬達摩坐著馬車，出了皇宮。

他坐在馬車裡，很好奇地向車外看去，他看見一個衰老的女人，老得牙齒都沒有了，臉上的皮膚乾枯如樹皮。他問趕車人：「這個女人怎麼了？」趕車人告訴他，每個人都會衰老，連國王也不能倖免。

接著，喬達摩又看到一個失去雙腿的人，趕車人告訴他，每個人都可能面臨疾病的折磨。這時，路上走來一列抬著屍體的送葬隊伍。趕車人告訴他，每個人都要死去。喬達摩感到人生是那樣的可怕，美麗會從年輕的臉上消退，疾病會侵襲身體，死亡會取代生命。就在他對這一切感到迷惑和苦惱時，迎面走來一位老者，那個老人已經很老，可是，他的精神依然矍鑠，面帶微笑，神色平和安詳。喬達摩十分驚奇，這個老者已經很老了，離死亡不遠，可是，這個人為什麼還這麼快樂？

「他是一位聖者，他已經獲得了真理並因此得到了解脫。」趕車人答道。

這些發現，喚起了喬達摩內心對生命的深刻同情，以及對自己受到庇護的特權的厭惡。他想，世間充滿苦難，自己怎麼能夠置身在這種人為的幸福之中呢？更何況，他、他的親人、兒子，也會有同樣的痛苦和結局。

於是，喬達摩發願離家修行，通過修行讓世人擺脫生死的痛苦。六年後，喬達摩成為佛陀，人們稱他為釋迦牟尼。

人活著並不是為了痛苦，但要活著卻不能不承受痛苦。生老病死對人生雖然是一種痛苦、折磨，但也正因為如此，我們的人生才有了目標，有了意義。如果無生無死、無災無難，生命反而失去了存在的意義，人類也會失去進化的可能。正如草原上的羊群如果沒有狼群的威脅，反而因為安逸而面臨滅頂之災。苦難和幸福本是同根生，它們是一棵藤上的兩顆果實，你必先吃掉苦的那顆，才知道甜是什麼滋味。

看透人生的我們，在痛苦面前，也只需微微一笑，奮然前行。

人生就是一場苦旅，我們既不能把苦難背在身上、寫在臉上，更不能把苦難拋在身後。看透人生的我們，在痛苦面前，也只需微微一笑，奮然前行。把每一次的磨難都當成人生的歷練，在痛苦中成長，在磨難中進步。直到歷風雨而不懼，在泥沼中前行而如坦途。

有個老漁夫捕魚技術出神入化，是當地有名的「漁王」，但漁王非常苦惱。他將畢生的捕魚經驗全部傳授給了三個兒子，按理，三個兒子也很努力地學習，但他們的漁技卻是一般，甚至比不上普通漁民的兒子。所謂「虎父無犬子」，堂堂漁王怎麼可能培養出三個平庸的兒子呢？老漁夫一輩子都沒能弄明白。正如有很多父母說，我把所有的心血都放在孩子身上，給他最好的生活條件，送他去最好的學校，可是，他怎麼一點兒長進也沒有呢？這些可憐的父母像這位可憐的老漁夫，像喬達摩的父親一樣，他們都忘記了傳授給孩子「教訓」這種經驗。若要有一流的捕魚技術，除了必要的基礎知識之外，就是要把他們放到大風大浪中去接受風浪、失敗和死亡的歷練。如果不經歷這些，他們永遠只是一個平庸的捕魚者，甚至會因為一個風浪就掀到海裡，成為魚的食物。

所以，終於有一位智者發現了老漁人的錯誤所在。他說：「沒有教訓如同沒有經驗一樣，都不能使人成大器！」沒有經歷過風雨的花朵，無論如何也結不出豐碩的果實。風雨之後，我們回過頭來再去看的時候，就會發現，歷經磨難以後，生命的花朵反而更嬌豔動人。

生老病死對人生雖然是一種痛苦、折磨，但也正因為如此，我們的人生才有了目標，有了意義。

放下小筆記

在人生的旅途中，要學會放下遭遇過的各種不幸、挫折、失敗、痛苦……只有這樣，才能騰出心靈的空間去感受生活的美好。

Part 7
放下執念，才能等到幸福來敲門

遇到放不下的事，不妨問問自己：成天把這些事放在心上，壓得心又沉又痛，對人生有幫助、有改變嗎？再問問自己，是不是還有比你更慘的人，如果這些人都能夠挺過去、能夠放下，你還有什麼放不下的呢？生命的意義，不在於拿起，而在於放下。

01 人生不過是路過，沒什麼不可放下

不為外物所動之謂靜，不為外物所實之謂虛。

——弘一大師《格言別錄》

是什麼因緣讓李叔同毅然放下世間的一切名聞利養，在三十八歲盛年之時，悄然皈依佛門呢？從此，豪放不羈的李叔同不再，我們漸漸習慣叫他弘一大師，而不是李叔同。二十四年後又被佛門弟子奉之為律宗第十一代宗師。

世人汲汲於求的，正是弘一大師急於放下的。也許，富貴會讓我們的身心一度快樂，但卻會讓我們離靈魂越來越遠。而世間的名利，不但令世人混亂，也令法師感到窒息。為了解脫，為了靈魂的修行，他選擇放下一切干擾他的東西。

有人會問，難道法師對妻兒沒有一點兒眷戀嗎？怎麼會沒有呢？只是，弘一大師要做的事情，是必須放下一切的。我們世人，往往這也做不成、那也做不成，就是因為我們什麼都不想放下。你一手抱著一件珍寶，就再也騰不出手來抱別的東西，而你又常常抱怨說：「啊，我沒有機會去實現自己的理想了！」

你一定聽過有一些明星說：「我真想過平常人的日子！」難道這很難嗎？好像那些名利都是別人一定要放在他們的身上一樣。直到有一天，人過氣了，再也紅不起來了，他們真的

歸於平淡了，又不甘心了，想盡辦法讓自己再紅起來。

在放下與捨得之間，我們經常是放不下、捨不得。我們對功名利祿放不下，所以總有買官、賄官；我們對金錢富貴放不下，所以出現盜竊、受賄；我們對愛情婚姻放不下，所以產生了愛恨情仇。

有一個人拎著一個油瓶在路上走，一不小心，油瓶掉到地上摔碎了，油灑了一地。這個人只是看了一眼，就接著趕路了。

路人見狀，以為他不知道，便好心地在後面提醒他：「喂，你的油灑了。」他應了一聲，仍然頭也不回地繼續走路。

路人趕上去說：「喂，你的油灑了！」

他說：「我看見啦，可是油已經灑了，我無法再把它撿起來，我停下來又有什麼意義呢？」

莎士比亞說過：「聰明的人永遠不會坐在那裡為自己的損失而哀歎，而是想辦法來彌補損失。」

三祖寺的宏行法師道德高深，有人曾一手提著一只花瓶前往三祖寺拜見他，向法師求教。法師見到他後，說道：「放下！」那個人聽後，就把一只花瓶放在了地上。法師又說：「放下！」那個人又把另一只花瓶也放在了地上。接著，法師又說道：「放下！」那個人不解地問道：「法師，我已經將兩只花瓶都放下了，現在兩手空空，已經沒有什麼東西可以放下了，您還讓我放下什麼呢？」

法師緩緩說道：「我讓你放下的不是手上的花瓶，而是心中的雜念。雜念已經填滿了你的內心，只有將這些東西放下，你才能擺脫生活的桎梏，理解生活的真諦，活出真正的自我。」宏行法師接著說：「『放下』這兩個字說起來容易，做起來難。有了地位，就放不下地位；有了財富，就放不下財富；有了欲念，就放不下欲念；在這個世界上，能夠真正做到『放下』的人真的很少呀！」

遇到放不下的事，不妨問問自己：成天把這些事放在心上，壓得心又沉又痛，對人生有幫助、有改變嗎？再問問自己，是不是還有比你更慘的人，如果這些人都能夠挺過去、能夠放下，你還有什麼放不下的呢？生命的意義，不在於拿起，而在於放下。

幸福就在一拿一放之間。會「放下」的人，才是真正懂得生活的人。

02 富貴終如草上霜

人生猶似西山日，富貴終如草上霜。

——弘一大師

弘一大師小時候，很看不慣自己的二哥，因為，二哥待人接物的禮貌往往視人的貴賤不同而異。對有錢的人，禮貌有加；對窮人，則傲慢無禮。小叔同看在眼中，很鄙視二哥的行為，便故意反其道而行之。遇到貧賤的人就敬重他，對富貴者就輕視之。

二哥年輕時，吃喝玩樂，揮金如土，法師也看不起這種行為，偶爾忍不住要頂撞幾句。等他東渡日本留學，到一九一〇年畢業回國時，再見兄長，發現他已經改變了以前的種種行為，成為一個忠厚的長者、天津有名的中醫了，心中非常欣慰，對哥哥的態度就跟以前大大不同了。

岡察洛夫曾經說過：「錢是個可惡的東西，用它可以辦好事，也可以辦壞事。」人們經常說「錢不是問題，問題是沒錢」等類似的話，說明錢有時候確實是我們人生中不可或缺的一部分。沒錢寸步難行，一分錢憋死英雄漢的故事時有發生。金錢的作用雖然是不可低估的，但比金錢重要的東西還有很多。

大師在俗時，在學校做教員，他的學生劉質平考入東京音樂學校，需要赴日本留學，可是苦於沒有學費，弘一大師曾為他申請過官費，但沒有成功。接著劉質平家中亦宣佈要中止資助。在這種情況下，弘一大師毅然決定解囊相助，並給學生立下了規矩：

1.此款系以我輩之交誼，贈君用之，並非借貸與君，因不佞向不喜與人通借貸也。故此款君受之，將來不必償還。

2.贈款事只有吾二人知，不可與第三人談及。家族如追問，可云有人如此而已，萬不可提出姓名。

3.贈款期限，以君之家族不給學費時起，至畢業時止。但如有前述之變故，則不能贈款（如減薪水太多，則贈款亦須減少）。

4.君須聽從不佞之意見，不可違背。不佞並無他意，但願君按部就班用功，無太過不及。注意衛生，俾可學成有獲，不致半途中止也。

一九一七年三月，法師決定出家，於是，三月二十五日，他給質平的信上說：「君所需至畢業時為止之學費，約日金千餘元，頃已設法借華金千元以供此費。余雖修道念切，然決不忍置君事於度外。此款倘借到，餘再入山，如不能借到，餘乃就職至君畢業時止。君以後可以安心求學，勿再過慮。至要，至要。」

後來劉質平不忍因為自己求學，推遲了恩師修道的日期，就於一九一八年夏天回國，弘一大師也於這年夏天出家了。

為了學生，他可以想方設法籌資，供其讀書，而他又不需要對方償還。甚至，為了學生的學業，他可以暫時放棄自己的理想，甘願為學生的學費去工作賺錢。出家後，這個富貴公子，一下子就可以過著身無長物的清貧生活，並且一過就是二十四年，沒有半點兒覺得不適應。

法師視富貴如草上霜，自然不是讓人從此都不工作、不去賺錢，而是讓人對錢財要拿得起、放得下。不過度追求金錢，不緊緊地攥住金錢不放，被金錢奴役。為了家人，我們自然應該努力工作去賺錢，但對錢財的分配則不應該吝嗇，該捨時就捨，對多餘的錢財，適當地施捨，幫助有需要的人。

每個人都應該學會處理財富。我們看到那些一擲千金、耽於享樂的人，他們在觥籌交錯間未必是真的快樂。不信，你看他們為生意焦頭爛額，對員工和客戶算計每一分錢時，其實，衰老和恐懼可能已經在他們的身體裡像蛀蟲一樣，不知不覺地侵蝕著他們的生命。

老約翰・洛克菲勒在三十三歲那年賺到了人生的第一個一百萬，四十三歲時，他建立了世界最大的壟斷企業——美國標準石油公司。那麼，五十三歲時的他又成就了什麼呢？那一年，他失去了自己的頭髮。

洛克菲勒從小在農莊長大，早年的體力勞動讓他擁有了一副強壯的身體。他有著寬厚的肩膀，強健有力的步伐。可是，五十三歲時，他卻莫名其妙地得了消化系統疾病，頭髮開始脫落、最後連眉毛也不能倖免。他肩膀下垂、步履蹣跚，看起來像一個八十歲的老人。

他的傳記作者溫格勒說：「他的情況極為惡劣，有一陣子，他只能依賴優酪乳為生，醫生診斷他患了一種神經性脫毛症，後來，他不得不戴一頂帽子。不久以後，他定做了一個五百美元的假髮，此後一生都沒有脫下來。」

「當照鏡子時，他看到的是一位老人。無休止地工作、操勞、體力透支、整晚失眠，運動和休息的缺乏，終於讓他付出慘重的代價。」當著名的女作家艾達・塔貝爾見到他時，大吃一驚，她寫道：「他的臉上飽經憂患，他是我見過的最老的人。」

那時，醫生只允許他喝酸扔，吃幾片蘇打餅乾。他的皮膚毫無血色，瘦得皮包骨頭。這個世界上最富有的人，每週收入高達幾萬美元，可是他一個星期能吃得下的食物卻僅僅值幾塊錢。

在意識到貪婪已經摧毀了他的身體後，洛克菲勒決定退休。退休後，他每天打高爾夫球、種花，與鄰居聊天、玩牌、唱歌。這個世界上最富有的人，這個曾經每天為賺更多的錢殫精竭慮的人，這個在五十三歲時與死神擦肩而過的人，在放棄財富之後，竟然活到了九十八歲。

香港作家張立對金錢有一番妙論：「口袋裡無錢，存摺裡無錢，但心裡裝滿錢的人最苦；口袋裡有錢，存摺裡有錢，但心中無錢為大福也。」身上有錢而心裡沒有錢的人最幸福，身上無錢，心裡也無錢的人，因為並不以無錢為苦，日子雖然清苦，但只要還不至於餓肚子，這樣的人的日子也是幸福的。所以，對凡夫俗子來說，錢這東西，自然是越多越好，但是，多到把人心壓垮，那還不如沒有。

口袋裡無錢，存摺裡無錢，但心裡裝滿錢的人最苦；口袋裡有錢，存摺裡有錢，但心中無錢為大福也。

03 不能捨，只好泥裡團團轉

出家人的生活在人們看來都是相對清苦的，但對於真正的出家人而言，他們並不會認為苦，而是把苦當成樂，並且從中獲得真正的快樂。

——弘一大師

我們時常聽人說：「捨得捨得，不捨不得；有捨才有得，要得就要捨。」懂得取捨，才是人生的一種境界。弘一大師曾說：「出家人的生活在人們看來都是相對清苦的，但對於真正的出家人而言，他們並不會認為苦，而是把苦當成樂，並且從中獲得真正的快樂。」弘一大師放棄紅塵生活，遁入空門，這就是他的取和捨。世人有的難以理解，有的人卻覺得他很了不起。因為他捨棄了世俗的榮華富貴，卻忽略了他捨棄這些東西背後所得到的快意人生和快樂。在現實生活中，當我們要達成一個目標、完成一件事時，第一件要做的事就是考慮怎樣取捨。

暴雨剛過，道路泥濘不堪。一個老婆婆到寺廟進香，一不小心跌倒在泥潭裡，衣服上沾滿了泥水，身上的香火錢也都掉到泥潭裡了。她顧不上起身，就在泥裡撈個不停。這時，一個富人坐轎經過，看見此情此景，想去扶她，又怕弄髒了自己的華貴衣服，於是便讓轎夫去把老婆婆從泥潭裡扶出來，並且送了一些香火錢給她。老婆婆道謝之後便來到寺外。守在寺門邊的和尚看見一身泥污的老婆婆，一邊躲開一邊說：「回去把衣服弄乾淨了再來，這是佛門淨地，怎麼可以一身泥污地進來拜佛？」

瑞新禪師把剛才發生的事情經過都看在眼裡，就走到老婆婆旁邊，親自扶著她走進大殿，笑著對那個僧人說：「曠大劫來無處所，若論生滅盡成非。肉身本是無常的飛灰，從無始來，向無始去，生滅都是空幻一場。」

僧人聽他這樣說便問：「周遭十方心，不在一切處。難道連成佛的心都不存在嗎？」

瑞新禪師指指遠處的富人，嘴角浮起一抹苦笑：「不能捨、不能破，還在泥裡轉！」

那個僧人聽了禪師的話，頓時感到無比慚愧，垂下了目光。瑞新禪師回去便訓示弟子們：「金錢珠寶是驢尿馬糞，親身躬行才是真佛法。身躬都不能捨棄，還談什麼出家？」

弘一大師正是意識到，如果自己連紅塵的這點富貴生活都放不下，還談什麼信仰呢？法師在說自己出家的因緣時講道：「在我成為居士並住在寺裡後，我的那位好朋友，再三邀請我到南京高師教課，我推辭不過，於是經常在杭州和南京兩地奔走，有時一個月要數次。朋友勸我不要這樣勞苦，我說：『這是信仰的事情，不比尋常的名利，是不可以隨便遷就或更改的。』我的朋友後悔不該強行邀請我在高師任教，於是我就經常安慰他，這反倒使他更加苦悶了。終於，有一天他對我說：『與其這樣做居士究竟不徹底，不如索性出家做和尚，倒清爽！』這句話對我猶如醍醐灌頂，一語就警醒了我。是呀，做事做不徹底，不乾不淨的很麻煩。於是在這年暑假，我就把我在學校的一些東西分給了朋友和校工們，僅帶了幾件衣物和日常用品，回到虎跑寺剃度做了和尚。」

朋友的話讓弘一大師意識到，自己這樣不捨不取，熊掌和魚都想得，既不能過好世俗的生活，又不能真正修行。所以，他毅然選擇了出家。這就是取捨。

我們之中有多少人就是在左右為難，這個不想放、那個不想捨之中渾渾噩噩地度過了一生？

弘一大師身邊的弟子回憶說：「有一次有人送他一條紅被子，他看了連聲贊好。不過他說：『這條被子，我沒有福享用，應該送給我們寺中的轉塵和尚，因他年紀較大，且是長老，我們應該尊敬他。』結果，大師就將被子送給這個長老。還有一次，不知是雲南還是貴州，送來一些名貴的蘿蔔，那是用郵遞的方式送來的。他那天對我說：『今天你可以把這蘿蔔切細一點，分開給全寺的每人吃一些。我自己也吃一些。』他對於好的東西，從來沒有一個人獨自享用，一定是拿出來大家共用的。」

會生活的人，最懂得的就是取捨之道。「愛出者愛返，福往者福來。」其實，如果付出者只享受付出的快樂，而不計較失去的損失，那麼，即使捨而不得，又有何妨。

弘一大師說：「佛法從緣起論的觀點來看，認為利他方能自利，害人實際是在害己。敬人者，人敬之；愛人者，人愛之；損人者，人損之；欺人者，人欺之。所以，我們應該做到自利利他，不可損人利己。這也正如印光法師所說：『禍福無門、唯人自召。善惡之報，如影隨形。利人即是利己，害人甚於害己。』」

一個人只有學會利他，才能真正利己。弘一大師曾說：「為什麼要成佛呢？為利益一切眾生。須如何修持乃能成佛呢？須廣修一切善行。」

只有做到我為人人，才能「人人為我」。

很多人認為，只要不讓自己吃虧，那麼，自己就會永遠受益。但其實，如果我們不肯利人，別人也無須利你。所以，一個只管自己賺錢而不管別人死活的商人是不會真正賺錢的。因為時間一久，大家就不會到你這裡來和你做生意了。一個人生活在這個社會中，就要明白，利他方能利己這樣一個道理。

禍福無門、唯人自召。善惡之報，如影隨形。利人即是利己，害人甚於害己。

04 把每一天都當作生命的最後一天

我要自己時時發大慚愧，我總是故意把鐘改慢兩刻，照草庵那鐘的樣子，不止當時如此，到現在還是如此，而且願盡形壽，常常如此。

——弘一大師《南閩十年之夢影》

弘一大師在草庵居住時生了一場大病，當時，放在他病床邊上的鐘比正常的鐘慢了兩刻，大師後來就一直將這鐘帶在身邊，命名為「草庵鐘」，意在提醒自己要珍惜時間。他在《南閩十年之夢影》中記載道：「我那一回大病，在草庵住了一個多月。擺在病床上的鐘，是以草庵的鐘為標準的。而草庵的鐘，總比一般的鐘要慢半點。我以後雖然移到南普陀，但我的鐘還是那個樣子，比平常的鐘慢兩刻，所以『草庵鐘』就成了一個名詞了。這件事由別人看來，也許以為是很好笑的吧！但我覺得很有意思！因為我看到這個鐘，就想到我在草庵生大病的情形，往往使我發大慚愧，慚愧我德薄業重。我要自己時時發大慚愧，我總是故意把鐘改慢兩刻，照草庵那鐘的樣子，不止當時如此，到現在還是如此，而且願盡形壽，常常如此。」

弘一大師珍愛時間，「朱華易消歇，青春不再來。」年華易老，生命易逝。人的一生就是在昨天、今天和明天之間循環往復的，如果我們不能抓住今天，很快今天就變成了昨天，明天也就不再。想要成就一番事業，我們就必須學會珍惜時間，充分利用時間，在有限的時間內學習更多的知識，完成更多的事情，這樣我們的人生才有意義。

紛，紛，紛，紛，紛，紛。
惟落花委地無言兮，化作泥塵；
寂，寂，寂，寂，寂，寂。
何春光長逝不歸兮，永絕消息。
憶春風之日暝，芳菲菲以爭妍；
既乘榮以發秀，倏節易而時遷。
春殘，覽落紅之辭枝兮，傷花事其闌珊；
已矣！春秋其代序以遞嬗兮，俯念遲暮。

榮枯不須臾，盛衰有常數！
人生之浮華若朝露兮，泉壤興衰；
朱華易消歇，青春不再來！

在這首《落花》中，弘一大師告誡我們：人生短暫，時光易逝，所以，人必須用有限的時間去做有意義的事情。在我們和別人有約時，一定要學會準時，因為，這不僅體現了你對別人的尊重，也體現了你做事的時間觀，一個有時間觀念的人，往往都是做事認真負責的人。

歐陽予倩說，演過《茶花女》後，有許多人以為李叔同一定是風流蘊藉而有趣的人，誰知他的脾氣，卻是異常孤僻的。

「有一次，他約我早晨八點鐘去看他……他住在上野不忍池畔，相距很遠，那天又是假日，趕電車難免有些耽誤。及至我氣喘吁吁地趕到他那裡，名片遞了進去，不多時，他開了樓窗，對我說：『我和你約的是八點鐘，可是你已經過了五分鐘。我現在沒有工夫和你談了，對不起。我們改天再約吧！』說完，他便一點頭，關起窗門進去了。我知道他的脾氣，只好回頭就走。他每天的工作時間，都有一定的規則，一點也不差越。他曾說，做任何事情，沒有時間觀念，沒有認真態度，就等於失敗了一半。」

法師極重視自己的工作，到了工作時間，他決不做其他事情。想想，我們在工作時是否也能做到如此呢？除非有非放下工作不可的事情，在工作時間，一切與工作無關的事都應該將之關在辦公室之外。

「我現在已經沒有工夫了。」想想我們在生活和工作中，往往因為路上遇到一個人，忍不住聊了幾句；突然想起一件事，就打個電話跟人家說上半個小時；嘗嘗剛買的點心，時間就這樣打發掉了，可是自己的工作計畫才完成了一點點。但那時的李叔同，卻連五分鐘都是算計好的。這在常人看來，是不可思議的。

人生短暫，時光易逝，所以，人必須用有限的時間去做有意義的事情。

還有一件事發生在李叔同與其學生劉質平之間。劉質平在入浙江兩級師範學校不久，創作了平生第一首曲子。他把作品拿去給李叔同看，只見先生表情為之一變，他以為先生要責怪自己急於求成，正在內疚之際，忽聽李叔同道：「今晚八點三十五分到音樂教室來，有話要講。」

正值嚴冬，這天恰好又碰上狂風大雪。劉質平還是準時赴約了。當他走到教室跟前，發現雪地上已經有了腳印，但左右一打量，教室裡漆黑一團，四周亦空無一人。於是劉質平就在廊前冒著風雪靜靜等候；三分鐘、五分鐘、十分鐘，忽然，教室裡的電燈通明，接著走出一個人來。此人不是別人，正是老師李叔同。此時的李叔同，顯得非常滿意，他說劉質平已經是準時赴約且又在廊前冒著風雪等候十餘分鐘，要他可以回去了。原來，這是李叔同在考驗學生是否守時。此後，劉質平果真成了李叔同的得意弟子，在音樂事業上頗有成就。

可見，弘一大師是很注重時間的人，也喜歡能夠守時的人。所以，他用這種方法來考驗學生，來斷定學生將來是否能夠成大器。他的判斷是沒有錯的。

在日本，有一個著名的僧人叫親鸞上人，他在九歲時就立志要出家。於是找到慈鎮禪師，請求他為自己剃度。慈鎮禪師問：「你還這麼小，為什麼要出家呢？」親鸞說：「我雖年僅九歲，父母卻已雙亡，因為我不知道為什麼人一定要死亡，為什麼我一定與父母分離，所以，為了明白這層道理，我一定要出家。」慈鎮禪師非常讚賞他的回答，認為他是一個有慧根的人，於是說：「我已經明白了你的心意，我也願意收你為徒。但是今天已經太晚了，明天我再為你剃度吧！」

親鸞聽了禪師的話後非常不以為然，他說：「師父，你雖然答應我明天為我剃度，但是我還是一個九歲的孩子，心志還不堅定，我不能保證自己出家的決心能夠維持到明天。再者，您已經這麼大年紀，你也不能保證明天早上起床的時候自己還活著。」

禪師聽了他的話，拍手讚歎說：「對的！你說的話完全沒錯。現在我馬上就為你剃度吧！」

今日事今日畢，因為你今天不做，明天也許就沒有機會了。所以，海倫・凱勒說：「善用你的眼睛吧，猶如明天你將遭到失明的災難。同樣的方法也可以應用於其他感官。聆聽樂曲的妙音，鳥兒的歌唱、管弦樂隊雄渾而鏗鏘有力的曲調吧！猶如明天你將遭到耳聾的厄運；撫摸每一件你想要撫摸的物品吧！猶如明天你的觸覺將會衰退；嗅聞所有鮮花的芳香，品嘗每一口佳餚吧！猶如明天你再不能嗅聞品嘗。充分利用每一個感官，通過自然給予你的幾種接觸手段，為世界向你顯示的所有愉快而美好的細節而自豪吧！」

我們都說今日事、今日畢，該今天做的事情永遠不要拖到明天，因為我們不知道明天會有什麼樣的事情發生，也不能保證明天還能做成這件事。再者明天還有更多的事情等著我們去做，如果我們總是把今天的事情拖到明天，那麼我們的事情就會積壓得越來越多。

只有每天定時定量地完成應該做的事情，才能每天都輕鬆快樂。

05 虛名竟如何，總是一南柯

辱身喪名，莫不由此！求名適所以壞名，名豈可市哉？

——弘一大師《格言別錄》

德國作家湯瑪斯・肯比斯說：「一個真正偉大的人是從不關注他的名譽高度的。」為什麼要這麼說呢？名是人生的負累，如果一個人以追求名聲為目標，那麼，名聲就會成為他成就事業的最大障礙，如果我們還透過弄虛作假的手段來獲取名聲，那就更令人不恥了。

以李叔同揚名天下，而後作為法師再度出名的弘一大師，對「法師」、「老法師」、「律師」等諸如此類的名目十分反感，所以，每每都要求別人在寫書或稱呼他時除掉。他認為一個真正的學者就應該是踏踏實實做學問的，不能為了虛名而去沽名釣譽，因為虛名只會讓我們驕傲自滿，而學問則是實實在在的。

季羨林先生是享譽海內外的東方學大師。二〇〇六年，九十五歲高齡的季羨林先生鄭重請辭三大桂冠，完離虛名。他在《病榻雜記》一書中寫道：「三頂桂冠一摘，還了我一個自由自在身。身上的泡沫洗掉了，露出了真面目，皆大歡喜。」所謂三大桂冠是「國學大師」、「學界泰斗」和「國寶」三個稱號。

兩位大師，不約而同地放下虛名，不希望別人稱自己「法師」、「大師」。這是為什麼？

世人皆為名聲而沾沾自喜，即使是一個十足的好人，也可能喜歡虛名，喜歡別人把自己高看一眼。事實上，虛名也好、實名也罷，如果我們為名聲所累，就會影響到我們做事情的心態，甚至會生出嫉妒之心，從而改變我們的心性。但為什麼世人卻逃不出虛名的誘惑呢？

我們需要在他人眼裡高高在上，以表明自己的與眾不同、能力出眾。但同時，這也是一種負重。因為，汲汲於名利的人，往往為名所累。我們都有一種經驗，如果別人對我們的評價不好，就會感到心神不寧，甚至憤怒。為了獲得所謂的好名聲，我們常常說著言不由衷的話、做著身不由己的事。

我們做事情是因為喜歡，是因為這是我們人生的至高追求，而不是為了給自己增加名望。如果我們捨本逐末，就可能使事情背離我們的初衷。姚雪垠說：「誰能闖過不愛虛名的關，誰就能做出更好的成績。」

如果我們為名聲所累，就會影響到我們做事情的心態，甚至會生出嫉妒之心，從而改變我們的心性。

弘一大師也好，季羨林也好，他們捨棄名望的目的，就是為了使自己放下負累，還原他們的初衷。隱士林逋經常把自己的詩稿燒掉，不使之流傳。他說：「我隱居的目的就是不使自己受到人世名聲的負累，如果這些詩稿流傳出去，就背離了我隱居的目的。」

有真才實學的人是用不著去用所謂的「虛名」來證明自己有學問或者是如何優秀的。恩格斯一直都非常反感別人稱他為「導師」，他在給普列漢諾夫的復信中，第一句話便是：「請您不要稱我為導師，我的名字叫恩格斯。」曾兩次榮獲諾貝爾獎的居里夫人，把金質獎章給孩子當做玩具，她說：「我是想讓孩子們從小就知道榮譽就像玩具，只能玩玩而已。」

可是，很多人為了獲得虛名，常常誇張大自己的功績，甚至偽造自己的成就。而隱藏自己的缺點和無知，樹立一個虛假的自己，就更是追求虛名的人常常使用的手段了。即使是修行很高的人，也常不免為虛名所擾。

洞山祖師在離世之前，對自己的弟子說：「我這一生清心修行，但還是不免沾上了一些虛名。我這具肉身即將腐壞，身上的閑名也應該一併隨之消散。你們有誰能夠幫助我去掉我的閑名呢？」大家面面相覷，都不知道怎樣才能去除師父的閒名。這時候，一個小和尚來到師父面前，高聲問：「請問老和尚，你的法號是什麼？」

大家都向小和尚投去憤怒的目光，心說，你怎麼能這樣目無尊長！再說，洞山祖師的大名誰人不知，你就算是新來的，也不會不知道吧！

這時候，洞山祖師卻大笑著說：「好啊。我的閒名終於去掉了。」就這樣笑著圓寂了。

一九三七年五月，弘一大師為廈門第一屆運動大會寫完會歌後，青島湛山寺夢參法師奉住持倓虛法師之函趕到了廈門，表示要請弘一大師前往青島弘法。大師答應了，但他特意為此訂下約法三章：

一、不為人師；

二、不開歡送會；

三、不登報吹噓。

法師如此約定，就是因為他內心對虛名厭惡，不希望因自己的名氣而受到外界的打擾。而好為人師，喜歡受到歡迎，喜歡自己成為報紙的頭條新聞人物，則正是普通人的追求。一旦這些虛名成為我們心頭的負累，人就會感到身不由己，疲憊、迷茫。要獲得真正的快樂，而不是讓名聲成為我們心頭的負累，就要放下它，讓自己「無名」一身輕。所以，弘一大師對名聲之類的東西總是唯恐躲之不及，那我們又何苦還要刻意去追求呢？

要獲得真正的快樂，而不是讓名聲成為我們心頭的負累，就要放下它，讓自己「無名」一身輕。

06 學會專注做事，能讓你更快樂

用功夫要如貓捕鼠（專注、奮發），如雞孵卵（專注、無間），如滴水穿石、鑽木取火（專注、不停），乃能成就。
——弘一大師

弘一大師認為專注是成就事業必備的一種態度，他把專注比喻成如貓捕鼠、如雞孵卵、如滴水穿石、鑽木取火，奮發、無間、不停。我們做一件事，就要像貓在鼠洞外等待老鼠那樣，全身的精力都集中起來，全神貫注、蓄勢待發；像母雞孵小雞一樣廢寢忘食；要像滴水穿石、鑽木取火那樣永不停止。只有這樣，目標才可能實現，才可能把事情做到最好。

曾有人向弘一大師請教，是否可以在修煉律宗的同時兼修密宗。弘一大師對此解釋說，人在同一個時間只能做好一件事情，只有將有限的時間和精力都投入到一件事情上，我們才有可能將這件事情做到最好。在做一件事情的同時又做另一件事情的結果只能是兩件事情都做不好。因此，一心是不能二用的。

哈佛大學心理學博士最新研究指出，「三心二意」時人是不開心的。而且他還說，一個人越是不開心，就越是難以集中精神。專注就是集中注意力，專注能帶來驚人的效率。在做一件事時，投入多少時間並不重要，重要的是你是否「連貫而沒有間斷」地去做。如果你在做一件事情的時候，三心二意，不但進度慢，還有可能做得不夠精緻。

法師認為，與其兩邊兼顧，哪件事都沒有徹底做好，倒不如徹底做了和尚，精研佛法。想想，塵世中的我們，是不是也有許多人像法師未出家前的樣子，既想這樣，又想那樣，什麼事都想嘗試，結果哪一件事也沒有做好、哪一件事也沒有做成。人生看起來幾十年，但能夠做好一件事就已經很不容易了。為了完成自己畢生的事業，法師把自己「與世隔絕」起來，摒棄一切塵雜之事，專心於自己的工作。任何人想做成一件事，都要有這樣的精神。

在做一件事時，投入多少時間並不重要，重要的是你是否「連貫而沒有間斷」地去做。

慧遠禪師年輕時是個游方和尚。二十歲那年，在行腳途中，一位路人送給他一根煙管和一些煙草。慧遠禪師心想：「這個東西實在令人舒服，如果我對此上癮的話，一定會影響我的禪修。」於是就將煙管和煙草悄悄放到了路旁。

過了幾年，慧遠禪師又迷上了《易經》。入冬後，禪師給師父寫了一封信，請師父寄幾件禦寒的衣服來。可是冬天已經過去了，他也沒有收到衣服。他便用《易經》為自己卜了一卦，知道那封信師父沒有收到。慧遠禪師心想：「《易經》占卜確實很準，但如果我沉迷於此，又怎麼可能全心全意地參禪呢？」之後，他便放棄了對《易經》的研究。

後來，慧遠禪師又迷上了書法和詩歌，每天鑽研，小有所成，竟然博得了幾位書法家和詩人的讚賞。但是他仔細一想：「我又偏離了自己的正道，再這樣下去，我很有可能成為一名書法家或詩人，而不是一位禪師。」從此，慧遠禪師放棄了一切與修禪無關的事情，一心參悟，終於成為了一代著名的禪宗大師。

人這一生，放不下的事情有很多，有人總是拿「興趣廣泛」來標榜自己，認為自己是一個不同於普通人的人。但人這一生，能做好的事情也不過一兩件，興趣太多、欲望太多，往往容易讓我們偏離了目標。

最終，可以發現自己忙忙碌碌一生，做的事情不少，但有用的事情卻沒幾件，到頭來，一事無成。

人一定要克制自己，不要為欲望所驅使。這樣內心才能更清淨，才能更好地致力於自己所努力的方向和目標。一路上不為外物所迷惑、引誘，才能成就自我的追求。

放下小筆記

在人生的旅途中，要學會放下遭遇過的各種不幸、挫折、失敗、痛苦……只有這樣，才能騰出心靈的空間去感受生活的美好。

Part 8
與人為善，心靈才會真正安寧

生活中的小事，只要不是原則性的大事，得過且過又何妨？事事計較、精於算計的人，不但容易損害人際關係，從醫學的觀點看，對自己的身體也極其有害。

01 一隻螞蟻的生命也是寶貴的

殺牛羊豬雞鴨魚蝦，乃舉其大者而言。下至極微細之蒼蠅蚊蟲臭蟲跳蚤蜈蚣壁虎蟻子等，亦決不可害損。斷不可以其物微細而輕忽之也。

——弘一大師《放生與殺生之果報》

我們都知道出家人不殺生，不殺生，就是愛惜生命。因為眾生平等，就算是一隻小蟲子的生命都是一樣的，是不容許我們隨意去傷害的。

弘一大師到學生豐子愷家去，豐子愷請他坐到籐椅裡，法師先把籐椅輕輕地搖動，然後才慢慢坐下去。一開始豐子愷很奇怪，但又不好意思問，後來看法師每次都如此，就忍不住問他原因。弘一大師回答說：「這椅子裡頭，兩根藤之間，也許有小蟲伏著，突然坐下去，會把它們壓死，所以先搖動一下，慢慢地坐下去，好讓它們走避。」

滴水和尚十九歲時拜儀山和尚為師，剛開始時，他被派去給寺裡燒洗澡水。

有一次，師父洗澡嫌水太熱，便讓他去提一桶冷水來調溫一下。他便去提了涼水來把熱水調涼。他先把一部分熱水潑在地上，兌完了冷水後，又把剩下的冷水也潑在地上。

師父便罵他：「你這麼冒冒失失的，地下有多少螞蟻、草根等生命，這麼燙的水下去，會傷了多少性命。而剩下的涼水，可以澆花草，可活樹木。你若無慈悲之心，出家又為了什麼呀？」

蟲蟻、花草等這些微小的生命每天都在我們的生活中出現，而我們不過是把它們看得比衣服上的一粒灰塵還不如，更不會想到要珍惜它們的生命，甚至，如果它們不慎跑到我們的眼皮底下，只需一抬手，就可以滿足我們毀滅它們的小小快感。事實上，如果換個位置想，此時，做螞蟻的是你，而有人如此對待你，作何感想？

弘一大師獨居桃源山中時，山鼠擾害，晝夜不寧。室中經書、衣物，甚至寺中佛像，常被老鼠噬咬，並在佛像上落糞。

弘一大師為避此患，便翻閱舊籍。書上記載飼鼠之法，云：「飼貓之飯飼鼠，則可無鼠患。」大師便以米飯飼鼠，每日兩次，每次開飯前敲鐘通知。如此積以時日，鼠一聞鐘聲便出洞覓食，不復咬損寺中物件，亦不隨處落糞。從此以後，彼此相安無事。

可能有人會說：鼠類生殖太繁，將來後患無窮。弘一大師勸慰道：「以我多年飼鼠之經驗，雖然看到它們屢生小鼠，但大半自然死亡，生存下來的不多，不足慮也。」

弘一大師每次飼鼠時，還為它們回向，願它們早得人身，乃至速證菩提云云。並為此寫下一篇《飼鼠免鼠患之經驗談》。

法師臨終時，留下遺書，特意囑咐弟子：「去時將常用之小碗四個帶去，填龕四腳，盛滿以水，以免螞蟻嗅味走上，致焚化時損害螞蟻生命，應須謹慎。再則，既送化身窯後，汝須逐日將填龕小碗之水加滿，為恐水乾後，又引起螞蟻嗅味上來故。」

臨終前也一再叮囑不要傷及螞蟻，大師的菩薩心腸真是讓人感歎。

一九二七年秋，弘一大師和學生豐子愷編繪《護生畫集》，意在勸誡人們愛惜生命，不要隨意殺生。一九二八年農曆十一月的某一天，弘一大師在行船上看到一隻老鴨被關在籠子裡，據鴨主人說這老鴨肉可以治病，此鴨正是送給鄉間病者宰殺食肉的。弘一大師聽後，倍感老鴨之不幸。他於是懇請船主替老鴨乞命，並表示願意用三金贖老鴨。在他的救助之下，老鴨終於免其噩運，隨大師一同下船。事後，弘一大師特意讓豐子愷將老鴨的造型繪出，一併收入《護生畫集》。弘一大師為此畫的題詞是：「罪惡第一為殺，天地大德曰生。老鴨銜錙，延頸哀鳴；我為贖歸，畜於靈囿。功德回施群生，願悉無病長壽。」弘一大師對待護生的態度可謂鄭重之極。

夏丏尊先生在十年後有這樣的回憶：「猶憶十年前和尚偶過上海，向坊間購請仿宋活字印經典。病其字體參差，行列不勻，因發願特寫字模一通，製成大小活字，以印佛籍。還山依字典部首逐一書寫，聚精會神，日作數十字，偏正肥瘦大小稍不當意，即易之。期月後書至刀部，忽中止。問其故，則曰：『刀部之字，多有殺傷意，不忍下筆耳。』其悲憫側隱，有如此著。」

人所能感受到的痛苦，動物也能感受到，也正因為如此，作為人類，不但不能因為自己有隨意支配其他生命的能力就任意捕殺動物，相反，我們更應該以最悲憫的心來幫助和愛護它們。隨著人類力量的增強和文明的進步，我們更應該擁有高層次的同情和關懷。珍惜生靈，珍惜自然，珍惜我們的生存環境，也就是珍惜生命。

這並非是對人提出更高層次的要求，也不是道德的完善，不是居高臨下的施捨，而是人與自然和諧相處的必然要求，是大自然賦予人類的本能。自然賦予我們人的身份，並不是讓我們凌駕於其他生命之上，對之生殺擄掠、做殘忍之事。

我們都喜歡漂亮的花朵、美麗的風景、可愛的動物、清新的空氣。可是，如果人人都不種花、愛花、護花，那麼，這個地球上可能只是一片荒蕪。現代人為了能夠多賺錢，隨意開設工廠，結果污染了清淨的水源，讓空氣變成有毒的氣體，而被我們毀壞的這一切，哪裡是汽車、洋房這些東西可以彌補的？如果這個世界沒有花朵、沒有動物、沒有空氣，汽車洋房再多又有什麼用呢？

珍惜生命就是珍惜自己。所以，我們在讀弘一大師的故事時，就會感覺到這個老人把自己的生命融入到對世間萬物的愛中去，使他的生命昇華到與萬物合為一體，即使到今天，我們仍然能感覺到這濃濃的愛，投注到我們每一個人的身上。

佛說眾生平等，這就要求我們在生活中，用一顆悲憫之心來對待身邊的每一朵花，每一棵草，甚至，每一粒米。

悲憫的前提就是平等，只有當我們將自身與其他事物放在同一高度，我們才能感他物之所感、痛他物之所痛，才能擁有與其他事物一樣的感情。

02 常懷感恩心，增加正能量

我在泉州草庵大病的時候，承諸位寫一封信來，各人都簽了名，慰問我的病狀；並且又承諸位念佛七天，代我懺悔，還有像這樣別的事，都使我感激萬分！

——弘一大師《青年佛徒應注意的四項》

「感恩」在牛津字典中的注解是：「樂於把得到好處的感激呈現出來且回饋給他人。」

我們從一生下來，就要接受這個世界的種種給予，如果沒有這些給予，我們就不會成長，無法生存。每個人都應該為此而感恩。所以，星雲大師說：「一個人應該時時自忖：自己有何功德而能生存於宇宙世間，接受種種供給，不虞匱乏？因此，每一個人都要抱持感恩的胸懷，感念世間種種的給予。」

弘一大師在泉州草庵大病的時候，曾有人給他寫了一封慰問信，言辭十分懇切，字裡行間充滿了關懷，而且朋友們還一起簽了名，為他的病情進行祈禱。這一切令病中的弘一大師十分感動，以至於很多年後，弘一大師依然常常為此事而感謝他的朋友們。

俗話說：「受人滴水之恩，當以湧泉相報。」人是需要懂得「知恩圖報」的，感恩的第一步便是知恩，只有先知恩，才能去報恩。這也是我們人類與生俱來的本性，是一個人不可磨滅的良知。對父母的養育之恩、朋友的幫助、兄弟的關心，乃至大自然所給予的一切，我們都應該要心懷無限的感激之情。

對人生、對大自然的一切美好的東西，我們要心存感激，這樣人生就會變得美好許多。

美國前總統羅斯福在沒做總統之前，有一次家中失盜，一位朋友聽說後，寫了一封信安慰他。不久，朋友收到羅斯福的回信，信中說：「我要感謝上帝，第一，賊偷去的是我的財物，而沒有傷及我的性命；第二，賊只是偷了我的部分財物，而不是全部；第三，最值得慶幸的是，做賊的是他而不是我。」面對家中失竊的損失，羅斯福不但沒有怒氣衝衝或者心疼財物，反倒找出了三條值得感恩的理由。

一位哲人說：「世界上最大的悲劇和不幸就是一個人大言不慚地說：『沒有人給過我任何東西。』」只要你還活在這個世界上，就意味著你正在享受很多人提供給你的服務。如果你身體健康，沒有疾病，餓的時候有食物吃，渴的時候有水喝，睏的時候有床睡覺，冷的時候有衣服可以穿，你幾乎就沒有任何可抱怨的，因為你已經是一個非常幸福的人了。如果你仍然認為自己一無所有，或者不夠幸福，這是因為你沒有學會感恩。

在一次學術報告會上，一位元女記者問霍金：「霍金先生，盧伽雷氏症已將你永遠固定在輪椅上，你不認為命運讓你失去了太多嗎？」想一想，霍金會怎樣回答呢？

「我的手還能活動；我的大腦還能思維；我有終生追求的理想；我有愛我和我愛著的親人與朋友；對了，我還有一顆感恩的心……」霍金用自己僅有的一根還能活動的手指，在鍵盤上敲下了這段話。

這也正是霍金能夠以高度殘疾的身體創造出世界科學奇跡的原因。感恩的心，讓他不再以怨恨的心看待世界，不再以自憐的眼睛看待自己，心在感恩中汲取力量，戰勝身體極限，獲得偉大的成就。

生活給予每個人的都不會太少，只要你好好珍惜其中的一二，並不斷用心血去打造，你就能擁有生命的芬芳、傲人的成績和幸福的生活。

不管多不幸的人，只要能生活在這個世界上，他就要心懷感恩。因為活著本身，就是一件值得感恩的事。每天早晨睜開雙眼，我們就應該慶幸，真好，我還活著；起床，真好，我還可以站起來；上班，真好，我還沒有失業。看，生活本身就是一件值得感恩的事。如果你已經失業了，而且今天生病了，起不來床，那至少，你還活著。如果你馬上就要死了，至少，這個世界我溫柔地來過。感恩，會讓我們了無遺憾。

活著本身，就是一件值得感恩的事。

03 若要世人愛你，你當先愛世人

誓捨身命，救度法界一切眾生。——弘一大師

李叔同發下宏願：「誓捨身命，救度法界一切眾生。」但度化他人並不是一件容易的事情。人的性格、習慣都是在日積月累的生活中逐漸養成的，就連小孩子的性情都是很難改變的，更何況是成年人。習慣和思想早已經根深蒂固，需要極大的耐心才能夠度化他人。

當我們看到別人犯了錯誤之後，我們會怎麼辦？衝上前去將他臭罵一頓，這固然可以解恨，但是卻違背了度化他人的初衷，難以讓人改正錯誤，只怕會使事情變得更糟。每個人都有自己的尊嚴，如果我們隨意怒罵和懲罰他人，那麼只會使我們與他人的距離越拉越遠，反將度化的物件推向錯誤的深淵。這種情況是很常見的，比如老師在教育學生的時候，發現有的學生做錯了事，就一副恨鐵不成鋼的樣子，怒氣衝衝地將其責罵一頓，並且給予相應的處罰。那麼這個學生有可能就會破罐子破摔，越陷越深，最終徹底沒救。這說明，這種辦法是行不通的。我們不妨換一個方式，用自己的愛心來感化那些犯錯誤的人，讓他們意識到並改正自己的錯誤。

有一天，陶行知看到一名男生和同學打架，便及時制止了他，並讓他到辦公室去。陶行

知回到辦公室時，男生已經在那裡等他了。於是，他掏出一顆糖來說，這顆糖是我獎勵你有時間觀念，按時到達，沒有遲到。接著又掏出一顆來說，這一顆是獎勵你尊重老師，我讓你住手，你就住手了，說明你很尊重我。隨後又掏出第三顆糖說，我剛才瞭解過了，你打同學是因為他欺負女生，說明你有正義感。所以，我要再獎勵你一顆糖。男生哭著說：「校長，我知道自己錯了。我不應該打同學，而是應該同他講道理。」陶行知又掏出第四顆糖說：「你知錯能改，所以，我更要獎勵你。」

在教育學生的過程中，陶行知先生沒有責備學生一句，也沒有說他哪裡錯了，而是用師長特有的溫和方式，讓學生主動承認了錯誤。其實，這樣的事在生活中隨處可見，棒喝未必能使人改過向善，而以善制善才是上乘方法。

佛家認為，世上沒有不可度化的人。凡人，皆有善念，只要有耐心和愛心，都可以使他們改過向善。

大德禪師一生都在度化他人，因他的感化而從歧途中走出來重獲新生的人不計其數，然而他卻一直沒能度化自己的一個學生。這個學生有偷竊的壞毛病，禪師苦口婆心地教導他，但是他都是左耳進、右耳出，完全不當回事。有一次，這個學生因偷竊被別人抓住，失主帶著他來找到禪師，那人因敬重禪師，於是把這個學生放了。

禪師的其他弟子感到既羞愧又憤怒，要求禪師懲罰這個學生。禪師本著寬大為懷的精神還是原諒了他，可是這個學生沒多久又一次因偷竊被人抓住。禪師的其他弟子們實在是忍無可忍了，他們堅決要求禪師將那個學生逐出師門，否則他們就一起離開。

禪師把學生們集中起來，他說：「你們所有的人都能明辨是非，沒有辜負我的教誨，我感到很欣慰。如果你們覺得無法忍受下去，可以離開，我對你們也放心。但是，我是不能不管他的，他是最需要我教化的一個啊！」

這個世界上沒有不善良的人，一個人無論犯了多嚴重的錯誤，都不能說明他是無可救藥的。佛家認為，一念天堂，一念地獄，惡人也有心生慈悲的時候。所以，真正善良的人，即使對作惡的人，也能夠寬容，用自己的善良去度化他。即使不能度化，也不會因此而生嗔怪之心。一般人在遇到壞人時，往往心生怨懟，其實，是不必要的。

夏丏尊先生曾回憶說：「有一次宿捨裡學生失了財物，大家猜測是某一個學生偷的，檢查起來，卻沒有得到證據。我身為舍監，深覺慚愧苦悶，向他（李叔同）求教；他所指示我的方法，說也怕人，教我自殺！他說：『你肯自殺嗎？你若出一張佈告，說做賊者速來自首，如三日內無自首者，足見舍監誠信未孚，誓一死以殉教育，果能這樣，一定可以感動人，一定會有人來自首。這話須說得誠實，三日後如沒有人自首，真非自殺不可。否則便無效力。』這話在一般人看來是過分之辭，他說來的時候，卻是真心的流露，並無虛偽之意。我自慚不能照行，向他笑謝，他當然也不責備我……」

曇昕法師回憶道：「弘一大師在泉州溫陵養老院時，當時該地鼠疫症倡狂，死人無數，每天都可看到棺材在搬進搬出。記得那時是八月十四、十五、十六數日，大師在泉州為眾人講經，我負責通譯。那時大師亦中暑毒，人覺得不太好。三日的講經，加上外頭瘟疫流行，當時我自己亦感到身體十分不適。等我自己的身體較好時，立刻帶了些金銀花、甘草之類的藥草去給他吃，以便驅除暑毒。但他拒食，並對我說：『我要替閩南人贖罪，如果我一個人死了，能減少閩南人的苦痛，那麼這種痛苦對我是好的。』我聽他如此說，勸他別如此做。因為鼠疫與虎烈拉這兩種流行疫可不是好玩的。同時也告訴他，這個塵世是需要他的。而大師卻對我說：『我一個人活在世上又能起什麼作用呢？不如去西方極樂世界再回來娑婆世界力量就更大！』」

這樣的愛才是大愛。弘一大師是為了度化世人而出家的，而度化世人，也成為他一生的修行目標。做好事並不是很難，往往只是舉手之勞。比如，我們把過剩的衣物捐給慈善機構，分一些錢給無家可歸的人，幫助別人會讓我們身心安寧，使我們覺得自己的生命更圓滿、更快樂。只要我們養成了隨手做好事的習慣，就會體會到生命的快樂。你會發現，生活裡的很多煩惱都不見了。因為我們的心靈在做好事的過程中，得到了昇華，得到了淨化。反之，如果我們只關心自己，就會有傲慢、嫉妒、計較等種種不良情緒，使內心充滿負能量。

這個世界上還有很多人處於困苦中，他們三餐不濟、溫飽不能，或者，因為一場災難使他們傾家蕩產、妻離子散。善良的人們不願意眼睜睜看著他們死於饑渴和疾病，會伸出自己的雙手去幫助他們。當我們張開雙手時，象徵著愛和奉獻，當我們握緊雙手時，意味著我們懼怕失去，即使你手中握有的是一枚金子，你仍然是不幸的、貧窮的。

我們不夠圓滿、不幸福，心裡有怨懟，是因為我們沒有慈悲心，不關愛眾生，沒有感覺到跟他們的聯繫，也無法跟宇宙意識溝通。所以，我們必須覺醒，讓自己成為圓滿的人。

若要世人愛你，你當先愛世人，幫助他人就是幫助自己。事實上，當我們付出時，你得到的遠比付出的還要多，因為你得到的是發自內心的幸福。幫助他人，會使我們獲得存在感，獲得生命真正的意義。因此，我們要幫助有困難的人，包括動物在內！這時候，你會發現，你正在成為完美的人，而你，也將擁有更強大的力量。

若要世人愛你，你當先愛世人，幫助他人就是幫助自己。

04 終身讓路，不失尺寸

忍與讓，足以消無窮之災悔。古人有言：「終身讓路，不失尺寸。」
——弘一大師《格言別錄》

讓，就是謙讓，謙讓就是不要為蠅頭小利去斤斤計較。與人交往時，要學會有理讓三分，不要得理不饒人；發生矛盾衝突時，要學會退讓。所以，《菜根譚》中有云：「徑路窄處，留一步與人行；滋味濃時，減三分讓人嘗。」在道路狹窄之處，應該停下來讓別人先行一步。只要心中經常有這種想法，那麼人生就會快樂安詳。

明朝年間，有個叫張英的人在朝為官。老家桐城的老宅與吳家為鄰，兩家府邸之間有個空地，供雙方來往交通使用。後來吳家建房，要佔用這個通道，張家不同意，雙方將官司打到縣衙門。縣官考慮糾紛雙方都是官位顯赫、名門望族，不敢輕易了斷。

在這期間，張家人寫了一封信，給在京城當大官的張英，請他出面干涉此事。張英收到信件後，給家裡回信中寫了四句話：

「千里來書只為牆，讓他三尺又何妨？萬里長城今猶在，不見當年秦始皇。」

家人讀罷，領會了張英的用心，主動讓出三尺空地。吳家見狀，覺得很不好意思，也主動讓出三尺房基地。這樣，兩家之間就形成了一個六尺的巷子。鄰里禮讓之舉自此傳為美談。

不過，喜歡計較的人大多都不認為自己喜歡計較。相反，是認為對方太過計較，揪著你不放，憑什麼他跟你較量、占你的便宜？看咱倆誰能爭得過誰？就像兩頭鬥牛，瞪著紅眼，你不讓我，我不讓你，就此槓上了。你贏了，洋洋得意；他贏了，你心裡不爽。其實，就算你是贏家，那較勁的過程真的很享受嗎？有多少人是弄了一身傷才贏得了這場鬥牛比賽的？

生活中的小事，只要不是原則性的大事，得過且過又何妨？

雖說人為一口氣，但很多人就為了一口小氣，最後搞得自己累、別人累、大家累，誰也得不了便宜，誰也順不了這口氣。誰是贏家？大度地說「算了吧，何必為這些雞毛蒜皮的小事計較」的那個人就是最後的贏家。

有一個年輕的主婦向朋友抱怨自己的生活單調、無趣……她舉例說，她剛剛鋪好床，床馬上就被弄亂了；剛剛洗好碗碟，碗碟馬上就被用髒了；剛剛擦淨了地板，地板馬上就被弄得亂七八糟。她說：「你剛剛把這些事做好，不久便會被弄得像是未曾做過一樣。」她進一步抱怨道：「再這樣下去，我簡直要發瘋了！」

年輕主婦的朋友是一個相當聰明的人，他不動聲色地說：「這真是令人掃興，有沒有婦女喜歡家務勞動？」

她說：「有的，我想是有的。」

這位朋友又問：「每個家庭主婦都會遇到和你一樣的問題，有沒有辦法做一個快樂的主婦呢？」

主婦思考了片刻回答道：「不計較。」

生活中的小事，只要不是原則性的大事，得過且過又何妨？事事計較、精於算計的人，不但容易損害人際關係，從醫學的觀點看，對自己的身體也極其有害。在非洲大草原上，有一種極不起眼的動物叫吸血蝙蝠。這種蝙蝠靠吸動物的血生存。它身體很小，卻是野馬的天敵。它常附在馬腿上，用鋒利的牙齒極敏捷地刺破野馬的腿，然後用尖尖的嘴吸血。無論野馬怎麼蹦跳、狂奔，都無法驅逐蝙蝠。蝙蝠卻可以從容地吸附在野馬身上、落在野馬頭上，直到吸飽吸足，才滿意地飛去。而野馬常常在暴怒、狂奔、流血中無可奈何地死去。動物學家們在分析這一問題時，一致認為，吸血蝙蝠所吸的血量是微不足道的，遠不會讓野馬死去，野馬的死亡是由於它暴怒的習性和狂奔所致。

生活中，大家在一起交流工作學習，難免會產生一些意見或矛盾。但是，如果經常為一些雞毛蒜皮的小事爭得面紅耳赤，誰都不肯認輸，那麼最終會因為這點小事而大打出手，彼此傷了和氣。其實事後靜下心來想想，如果當時能夠彼此後退一步、忍讓三分，自然會大事化小、小事化無。

事實上，越是有理的人，如果表現得越謙讓，就越能顯示出他胸襟坦蕩、富有修養，反而更能得到他人的欽佩。

彼此後退一步、忍讓三分，自然會大事化小、小事化無。

05 吃虧是福：最樸素的幸福哲學

古時有賢人臨終，子孫請遺訓，賢人曰：「無他言，爾等只要學吃虧。」

——弘一大師《格言別錄》

林退齋是著名的儒學家，官至尚書。他臨死的時候，子孫們都跪在床前，請求遺訓。林退齋說：「沒有別的話！你們只要學會吃虧。」「吃虧」到底有怎樣的精妙，值得一個人臨終前特意交代給子孫呢？林退齋作為一介大儒，投身於官場幾十年，臨終前的這句話應該是他一生人生經驗的總結。

在中國傳統思想中，有「吃虧是福」一說，這是中國聖人總結出來的一條為人處世的經驗。清代畫壇「揚州八怪」之一的鄭板橋，曾留下兩句四字名言，一句是「難得糊塗」，另一句是「吃虧是福」。「吃虧」，就是放下爭利之心，放下爭利之心，就是放下煩惱。所以願意吃虧，樂於吃虧的人，都比較快樂。倘使一個人能用外在的吃虧換來心靈的平和與寧靜，那無疑就獲得了人生的幸福。

《泉州日報》有一位社長，是豐子愷的學生。他一向很尊敬弘一大師，對法師照顧得無微不至。但他並不十分瞭解法師。他知道大師常常到孤兒院去，那所孤兒院的院長名叫葉青眼。這位社長就對法師說：「老法師呵，你不要隨便給葉青眼利用呵！他可能利用你的名字去做招牌，在外頭搞錢！」弘一大師聽了，同他說：「居士，我能夠有這種價值嗎？若有，被他利用也好。我能夠為這些孤兒及老人籌些錢，即使我弘一被他賣了都好！能夠被他賣多少錢，我也願意呵！」說者與旁聽者都因大師當時的幽默感而笑了出來。事後，大師說如他真能為這些孤兒老人做點事，真個是給那院長賣了，他也情願。

可惜，在生活中真正做到願意吃虧的人並不多，反之，不願意吃虧、毫釐必爭的倒大有人在。有吃虧就有佔便宜的，人們都想佔便宜，都不願意吃虧，所以，便造成了人和人之間經常為了誰多占了便宜，誰吃了虧鬧得不可開交，也成為我們生活不快樂、人際關係不和諧的主要原因。那麼，「吃虧」的好處在哪裡呢？為什麼我們感覺不到「吃虧」的福氣呢？

安東尼・羅賓談起華人首富李嘉誠時說：「他有許多的哲學我都非常喜歡。有一次，有人問李澤楷，他父親教給他成功賺錢的祕訣是什麼。他說，父親並沒有教給自己賺錢的方法，只教了做人處世的道理。李嘉誠這樣跟李澤楷說，如果他和別人合作，假如他拿七分合理，八分也可以，那李家拿六分就可以了。」

他讓別人多賺二分，自己少賺二分，可是，這又有什麼關係呢？李嘉誠並沒有因此而成為窮人。相反，他越來越富有了。因為和李嘉誠合作過的人都會知道，從李嘉誠那裡可以多賺二分，所以，他們只願意和他合作。你想想看，雖然他只拿六分，但現在多了一百個人，他現在多拿多少分？假如拿八分的話，一百個會變成五個，結果是虧是賺可想而知。這也是

「吃虧是福」的一種表現。

有些做生意的人，千方百計要占客戶的便宜，客戶一旦察覺，不但要找上門來，還會中止和他的合作，其實，長遠來看，佔便宜對自己一點兒好處都沒有。做事有長遠計畫的人，不會只計較自己的獲得，而是懂得在適當的時候捨棄。因為他們知道，有時候「吃虧」並不是一種災難，只有學會捨棄，才能有更多的收穫。

有時候「吃虧」並不是一種災難，只有學會捨棄，才能有更多的收穫。

當然，懂得「吃虧是福」的人，並沒有這樣的「城府」。別人比自己多占了一點，自己少占一點，別人開心了，自己便開心了。

羅德・溫爾曼是巴西最著名的高爾夫球手，他精湛的球技可謂無可挑剔。不過，球場上所向無敵的他在生活中卻是一個糊塗蟲，經常被人騙，吃了不少虧。一天，溫爾曼剛打完一場南美錦標賽，當他接受完記者的採訪後，馬上走向停車場，準備開車回俱樂部。就在這時，一位一臉憔悴的年輕女子向他走來。在向溫爾曼表示祝賀之後，她說自己的孩子現在病得很重，正躺在附近的一家大醫院，如果得不到及時的治療，也許很快就會死去，但是她卻支付不起高昂的醫藥費。

溫爾曼被孩子的命運揪住了心，他二話沒說，當即掏出筆簽了一張五萬美元的支票遞給女子，並祝福她的孩子早日康復。

一個星期之後，溫爾曼在一家俱樂部進午餐時，從一位職業高爾夫球聯合會的官員口中得知，那個自稱孩子病得很重的女人其實是個騙子，這一切都是她設下的一個騙局。也許，讀到這裡，你會想，溫爾曼聽到這個消息後一定會後悔不已，氣憤難當。然而，溫爾曼卻長長地舒了一口氣，臉上露出了笑容：「感謝上帝，這是我一周以來聽到的最好的一個消息了！」

溫爾曼損失了五萬美元，可是，他非但不覺得自己吃了虧，反而覺得很高興。因為，和自己被騙同一個孩子馬上就要死了二者之間進行比較，他寧願自己被騙，寧願自己吃虧。

生活中，吃虧是在所難免的。吃點兒小虧算什麼事呢？「吃虧是福」，是一種瀟灑的生活態度，也是一種做人的方法。

在小利小事上樂於退讓，主動吃點兒虧，免了生閒氣、起紛爭，大家和和氣氣，這難道不是一種福氣嗎？

放下小筆記

在人生的旅途中，要學會放下遭遇過的各種不幸、挫折、失敗、痛苦……只有這樣，才能騰出心靈的空間去感受生活的美好。

Part 9
華枝春滿，天心月圓

我們的人生劇本不可能完美，但是可以完整。當你感到了缺憾，你就體驗到了人生五味，便擁有了完整人生。

01 懂得謙虛學習，便能不斷成長

我出家以來，在江浙一帶並不敢隨便講經或講律，更不敢赴什麼傳戒的道場，其緣故是因個人感覺著學力不足。

——弘一大師《律學要略》

弘一大師才德兼備、德高望重，深受世人愛戴，但他本人卻非常謙虛。他在一次講課前，談到自己的內心感受時說：「我出家以來，在江浙一帶並不敢隨便講經或講律，更不敢赴什麼傳戒的道場，其緣故是因個人感覺著學力不足。三年來在閩南雖曾講過些東西，自心總覺非常慚愧的。這次本寺諸位長者再三地喚我來參加戒期盛會，情不可卻，故今天來與諸位談談，但因時間匆促，未能預備，參考書又缺少，兼以個人精神衰弱，擬在此共講三天。」

弘一大師在教書期間，總是這樣教育學生：「儘管你有很大的功勞，都會被自誇自大毀了前程；當你犯了大的罪惡，如果不知道反悔也會毀了前程。」自大讓我們看不清自己，使那些原本有才學的人陷入失敗的境地。這是為什麼呢？

謙虛不是作秀，不是說在別人面前把自己表現得很低調就是謙虛了。謙虛是一種心態，是發自內心地認為自己做得還不夠；發自內心地願意向別人求教、學習，使自己不斷地進步。

有一個人拜一位世外高人為師，苦學三年，感覺自己已經學識淵博，感到自己已經當世難敵，甚至遠遠超過自己的老師，心裡非常得意。於是，他去向老師拜別，老師什麼話也沒有說，只是用樹枝在地上畫了一個大圓，又在大圓裡畫了一個小圓。這個人不明老師的用意，老師卻微閉著眼睛，撚著銀鬚不發一言。

停了半天，老師才睜開眼睛說：「這個小圓是你剛開始的學識。那時候的你，知道自己幾斤幾兩，沒有在自己畫的這個圓裡故步自封。這個大圓則是現在你的學識。雖然你已經遠遠突破了原來的自己，但是，你現在卻成為一個畫地為牢的人。你沒能看到圓之外還有更多你沒有瞭解的東西。我的圓畫得越大，就會明白自己懂得越少。」

牛頓在聽到有人稱讚自己時，曾說：「在我自己看來，我只不過是在海邊玩耍的小孩，為不時發現比尋常更美麗的貝殼而沾沾自喜，而對於我面前浩瀚的大海，卻全然沒有發現。」謙虛並不是故作的姿態，而是像牛頓這樣，發自內心地認為自己所知道得還不夠多，永遠保持著學習向上的心態。

弘一大師經常向人請教，閱讀經典，熟習戒律，到處遊學，直到生命的終結，他都沒有自滿過，也沒有停止過學習。

有一次，一個名叫劉綿松的居士寫信給弘一大師，說要編大師的文鈔。法師請曇昕法師回信給這位居士：「印光大師可用文鈔宣揚佛法，但弘一不成噢。弘一不是印光大師。因為印光大師已熟悉佛法，已到達很完滿的境界，所以他能以文鈔來弘揚佛法。同時亦能通過其文鈔而使不少人皈依。但弘一無法做到。弘一只能以藝術來弘揚佛法，好像《護生畫集》啦、佛曲啦、書法啦、音樂藝術等東西來弘揚佛法。」他再三叮囑曇昕法師，在復信給劉居士時，請他千萬別編他的文鈔。

這是一種發自內心的謙卑，想想我們多少人，想方設法要使自己出名，有六七分才氣便要在外人面前裝扮成十分才氣。覺得自己所說所做皆正確無比，好為人師。所以，這樣的人做事常常止於表面，或者做到一定程度就故步自封。

隱峰禪師師從馬祖禪師三年，自以為得道高深，於是有些洋洋得意起來。他備好行裝，挺起胸脯，辭別馬祖，準備到石頭希遷禪師處試禪道。

馬祖禪師看出隱峰有些心浮氣傲，決定讓隱峰碰一回釘子，從失敗中獲得教訓。臨行前馬祖特意提醒他：「小心啊，石頭路滑。」這話一語雙關：一是說山高路滑，小心石頭摔了栽跟頭，實際卻是說那石頭禪師機鋒了得，弄不好就會碰壁。

隱峰卻不以為意，揚手而去。他一路興高采烈，並未栽什麼跟頭，不禁更加得意了。一到石頭希遷禪師處，隱峰就繞著法座走了一圈，並且得意地問道：「你的宗旨是什麼？」石頭連看都不看他一眼，而是兩眼朝上回答道：「蒼天！蒼天！」（禪師們經常用蒼天來表示自性的虛空。）隱峰無話可對，他知道「石頭」的厲害了，這才想起馬祖說過的話，於是重新回到馬祖處。

馬祖聽了事情的始末，告訴隱峰：「你再去問，若他再說『蒼天』，你就『噓噓』兩聲。」石頭用「蒼天」來代表虛空，到底還是有文字的，可這「噓噓」兩聲，不沾文字！真是妙哉！隱峰彷彿得了個法寶，欣然上路。

他這次滿懷信心，以為天衣無縫了，他還是同樣的動作，問了同樣的問題，沒想到石頭卻先朝他「噓噓」兩聲，讓他措手不及。他呆在那裡，百思不得其解。怎麼自己還沒噓出聲，就被噓了回來？這次他沒有了當初的傲慢，喪氣而歸。他畢恭畢敬地站在馬祖面前，聽從教誨。馬祖點著他的腦門說：「我早就對你說過：『石頭路滑』嘛！」

美國心理學家盧維斯曾給謙虛下了一個定義：「謙虛不是把自己想得很糟，而是完全不想自己。」

02 所有面向苦難的修行，都是為了更好地活著

人生最後一段大事，豈可隨便忽略。今為講述，如下所列。當病重時，應將一切家事，及自身體悉皆放下。——弘一大師《人生之最後》

弘一大師在臨終前寫下「華枝春滿，天心月圓」的話，法師留下的字句不多，卻是真正的參悟，只可意會，而無法言傳。但可以肯定的是，這必是法師對人生境界的一種開示。只要想想，那花枝上滿滿的春意，藍色天空中一輪圓圓的明月懸於其中，就足夠了！

生老病死是每個人都不能超越的自然規律，然而世人卻總是不能參透。因此，佛家將其列入了人生「七苦」之中。看不破生死成了很多人一生痛苦的根源。不僅是人，任何一種生命體都是既有其生，就必有其死的，即使像烏龜一樣長壽，也有死亡的一天。大多數人都厭惡死亡，希望自己能夠長生。但是自然規律是不可逆轉的，誰也不能享受特殊的待遇，人都會死亡，不同的是，死亡的時間。有的人活得久些，有的人活得短暫些。但大多都不會超過百年。看不破生死的人，便會畏懼死亡，擔心自己過早地死去，但人終究要面對這一天，只是，面對的時候，我們才發現，自己竟然沒有好好地活過。或者，因為活得太好，不免留戀。只是，不管你是留戀還是悔恨，總是要死的。在你留戀或者悔恨的時候，你活著的時間

又少了一刻，倒不如利用那一刻，趕緊做點想做的事情。

沒有人知道人死後是什麼樣子的，活著的人只知道，死是無法阻擋的，那一刻終究是要來的。

法師在臨終時，曾留書于後人說：

自己所有衣服諸物，宜於病重之時，即施他人。

若病重時，神識猶清，應請善知識為之說法，盡力安慰。舉病者今生所修善業，一一詳言而讚歎之，令病者心生歡喜……

（臨終時）臨終之際，切勿詢問遺囑，亦勿閒談雜話。恐彼牽動愛情，貪戀世間，有礙往生耳。若欲留遺囑者，應于康健時書寫，付人保藏。

命終前後，家人萬不可哭。哭有何益，能盡力幫助念佛乃於亡者有實益耳。

殮衣宜用舊物，不用新者。其新衣應佈施他人，能令亡者獲福。

不宜用好棺木，亦不宜做大墳。此等奢侈事，皆不利於亡人。

法師在交代後事時，特別要弟子注意兩點：

一、如在助念時，看到眼裡流淚，這並不是留戀世間，掛念親人；而是說，那是一種悲欣交集的情境所感。

二、當他的呼吸停頓，熱度散盡時，送去火葬，身上只穿一條破舊的短褲。遺骸裝龕時，要帶四隻小碗，準備墊在龕腳上，裝水，別讓螞蟻昆蟲爬上來。

法師特意囑託弟子，除了一條破短褲，死後不要帶走一點兒於活人有用的東西。因為對一個人來說，死後，他的軀體已經不需要穿衣服了，衣服還是留給那些需要的人吧！想想世人，死時不僅要厚葬，帶走世上的許多金銀財寶，還要占上一塊風水寶地，生時貪不夠，死後還要抓住一些東西不放。死時都放不下的人，活著的時候，他能放下什麼呢？人揹著那麼多的貪念，真的能夠幸福嗎？更有一些生者，以為死者生前沒有享受過，所以，死時便給他一個奢華的葬禮。可惜，這時候，無論有多少美食、華衣，死者也是享用不到了，再華美，也不過是給活著的人看罷了。「我圓寂以後，照我的話做。我這個臭皮囊，處理的權力，全由你哩，蓮師！請你照著世間最簡單、最平凡、最不動人的場面安排。我沒有享受那份『死後哀榮』的心。一切憑弔，都讓他們免了！」

臨終前的兩天，弘一大師寫下「悲欣交集」四個字，交給弟子妙蓮法師。「悲欣交集」，便是又悲又喜；又悲又喜，就是不悲不喜。這四個字，亦是不可言傳的偈語。能體會者，亦是有大境界的人吧！

弘一大師圓寂後，夏丏尊先生收到法師寄給他的一封信：「丏尊居士：朽人已於九月初四遷化，現在附上偈言一首，附錄於後：『君子之交，其淡如水；執象而求，咫尺千里。問余何適，廓而忘言；華枝春滿，天心月圓。』」

法師的後半生，過著衲衣竹杖、芒鞋破缽的僧侶生活，他的偈句卻有著說不出來的華美。這種華美自然不是物質上的，亦不是精神上的，那是一種境界，一個人，把靈魂寄放在軀體之內，卻不著一物的華美。

生時貪不夠，死後還要抓住一些東西不放。死時都放不下的人，活著的時候，他能放下什麼呢？

03 多情至極是無情

隔斷紅塵三萬里，先生自號水仙王。——弘一大師〈初夢〉

弘一大師出家以後，曾托友人將其在東京留學期間結識的日籍妻子送回日本。其妻不能接受，找到李叔同在上海的老朋友楊白民，提出要到杭州去見一見李叔同，並請求楊白民立即帶她到杭州去。楊白民無奈，只好帶著她來到杭州，安頓下來後，他隻身先到虎跑寺去通報。

弘一大師見妻子已經來了，也就不好迴避，於是，他們在杭州西湖邊上的一家旅館裡見面了。楊白民自管去散步，留下了這一對平日相愛的夫妻。交談過程中，李叔同送給日妻一只手錶，以此作為離別的紀念，並安慰說：

「你有技術，回日本去不會失業。」

會面結束後，李叔同就雇了一葉輕舟，離岸而去，連頭也沒有再回一下。日籍妻子見丈夫決心堅定，知道再無挽回的可能，便望著漸漸遠去的小船痛哭失聲。她一個人離開了中國，回到日本，此後再無任何消息。

世人大概覺得，法師拋妻棄子，絕塵而去，未免無情。這是法師的選擇，而法師對妻子說：「你有技術，回日本去不會失業。」亦可見，法師並非無情至極，他早已為妻兒做了打算。換言之，既然已經出家，塵世的李叔同已死，連「李叔同」都已經放棄的人，還有什麼不能放下呢？此中機緣，怎是一個情字可以了得？一旦出家，妻兒也好，乞丐也罷，都是「居士」，並無二致。

莊子曰：「有人之形，無人之情。」意思是我們只需要具備人的形狀就可以了，無需有人的七情六欲。無情不是沒有情，而是無俗情。無情者無畏，可以完美一生。「情」是世人痛苦的根源，也是幸福的根源。所以，出家人首先要斬斷的便是「情」。還卿一缽無情淚，恨不相逢未剃時。

「一切有情，皆無掛礙。」民國時另一位大師蘇曼殊臨終前寫下這樣的偈句，亦是難解。這個身披佛衣的男子，也許，至死都沒有真正放下。他的多情亦讓人覺得「無情」，他用情太多，乃至傷了自己，他逃離塵世，但所受的傷痛，已經對他的身體造成了無法修復的傷痛。但我想，在圓寂前，蘇曼殊應該放下了，從這句偈語我能感覺到，他放下了一切「有情」，終於「掛礙」。這樣的修行也是圓滿的。

弘一大師放下七情六欲，卻對眾生慈悲，哪怕臨終前，亦惦念著無辜的蟻蟲，無衣的窮人。他的出家，正是為了成就世間的大愛。這是真正的「有情」。

有一年冬天，接連下了三天的大雪。齊景公披著狐腋皮袍，坐在廳堂欣賞雪景，覺得景致新奇，心中盼望再多下幾天，則更漂亮了。晏子看著皚皚白雪，若有所思。

齊景公對晏子說：「下了三天雪了，一點兒也不冷，倒好像是春天要來了。」晏子問道：「真的不冷嗎？」齊景公詫異地盯著他點了點頭。晏子說：「我聽聞古之賢君：自己吃飽了要去想想還有人餓著，自己穿暖了還有人凍著，自己安逸了還有人累著。可是，你怎麼都不去想想別人啊！」齊景公這才明白晏子的意思。

多情之人並非是對自己人多情，而是對天下人多情，將對自己人的情感轉化為愛天下人的情感，這是一個困難的過程。因為我們凡夫俗子總是會將愛己之心放在首位。在沒有保障自己的同時，很難做到推己及人。甚至有些人在自己幸福之後，依然不將天下人的生死放在眼裡。

世人都強調自己是為了一個情字而活，然而這個情字是有很多不同的含義的，每個人心中的情字都有著不同的釋義。有的人強調的就是小情，也就是為自己的私人情感而活，關心父母、關愛家庭，一生為家庭而奮鬥不止；有的人則強調的是大情，也就是愛世人之情，以天下為己任，以天下的悲哀喜樂為悲哀喜樂，為澤被蒼生而放棄私情。無論是選擇小情還是大情都是無可厚非的，這只是人生的兩種境界而已。普通人能為小情而活，已然是了不起，只有那些擁有廣闊的胸襟和大智慧的人才能為大情而活，多情至極而為無情。

有人總結了無情有十重境界，詳述如下：

一份無情，可以省事。

二分無情，可以省心。
三分無情，可以清靜。
四分無情，可以減少恩怨情仇。
五分無情，可以真正地去愛人。
六分無情，情人互賞之。
七分無情，是多情。
八分無情，是絕情。
九分無情，是癡情。
十分無情，有真情。

04 追求不圓滿的人生

不論什麼事，總希望他失敗，失敗才會發大慚愧！倘若因成功而得意，那就不得了啦！

——弘一大師〈南閩十年之夢影〉

晚年的弘一大師在談到自己時，說自己近來依舊喜歡那些記載善惡因果報應和佛菩薩靈感一類的書。他經常會靜下心來省察自己，發現自己越來越不像原來的自己了。弘一大師希望自己的品行道德一天高尚一天，希望能夠做一個改過遷善的好人。他在為自己的閩南之行總結時曾經說過：

「回想我在這十年之中，在閩南所做的一切事情，成功的卻是很少很少，殘缺破碎的居大半。所以我常常自己反省，覺得自己的德行實在欠缺。因此，近來我自己起了一個名字，叫『二一老人』。」

對於「二一老人」這個稱號的由來，他解釋道：「什麼叫『二一老人』呢？這根據的是古人詩句『一事無成人漸老』，和清初吳梅村臨終前的詩句『一錢不值何消說』，這兩句的開頭都有『一』。我一年來在閩南所做的事情，雖然不完滿，而我也不怎麼去求它完滿了！」

為什麼這樣說呢？

弘一大師說：「我只希望我的事情失敗，因為事情失敗、不完滿，這才常常使我發大慚愧！能夠曉得自己的德行欠缺，自己的修善不足，那我才可努力用功，努力改過遷善！一個人如果事情做完滿了，那麼這個人就會心滿意足，洋洋得意，反而增長他貢高我慢的念頭，生出種種的過失來！」

也許沒有人會認為自己的人生是完美的，其實弘一大師也同樣不例外。他在自己的花甲之年也同樣發出了「像我出家以來，既然是無慚無愧，埋頭造惡，所以到現在所做的事，大半支離破碎不能圓滿」之辭來表達自己對人生不完美的感慨。

佛說，我們這個世界是「婆娑世界」，這個世界中的所有事物都是不圓滿的。因此，人要正視自己的不圓滿，不要過度追求圓滿。

的確，生命就像是一首高低起伏的樂章，高低錯落才會顯得生動而鮮活，所謂「如不如意，只在一念間」。人生的真相便是「不如意之事十有八九」。人生的不圓滿是需要我們去面對和承認的事實，但另一方面，我們也可以換一個角度來對此進行分析，其實人生的缺陷和不圓滿也是一種美，太過一帆風順、太過於完美，反而會令我們感到無限膩味、心生厭倦而不值得珍惜了。

何止人生，世界上根本就沒有絕對完美的事物，完美的本身就意味著缺憾。其實，完美總包含某種不安及少許使我們振奮的缺憾。最輝煌的人生，也有陰影陪襯。我們的人生劇本不可能完美，但是可以完整。當你感到了缺憾，你就體驗到了人生五味，便擁有了完整人生——從缺憾中領略完美的人生。

在這個世界上，每個人都有自己的缺憾。只有缺憾的人生，才是真正的人生。

法國詩人博納富瓦說得好：「生活中無完美，也不需要完美。」我們只有在鮮花凋謝的缺憾裡，才會更加珍視花朵盛開時的溫馨美麗；也只有在泥濘的人生路上，才能留下我們生命坎坷的足跡。

人生，永遠都是缺憾的。本來這個世界就是有缺憾的，如果沒有缺憾就不能稱其為「人世間」。在這個缺憾的世間，便有了缺憾的人生。因此蘇東坡有詞云：「月有陰晴圓缺，人有悲歡離合，此事古難全。」

我們的人生劇本不可能完美，但是可以完整。當你感到了缺憾，你就體驗到了人生五味，便擁有了完整人生。

台灣作家劉墉先生有一個朋友，單身半輩子，快五十歲了，突然結了婚，新娘跟他的年齡差不多，徐娘半老，風韻猶存。只是知道的朋友都私下議論：「那女人以前是個演員，嫁了兩任丈夫都離了婚，現在不紅了，由他撿了個剩貨。」話不知道是不是傳到了他朋友耳朵裡！

有一天，朋友跟劉墉出去，一邊開車，一邊笑道：「我這個人，年輕的時候就盼著開賓士車，沒錢買不起。現在呀，還是買不起，買輛二手車。」他開的確實是輛老車，劉墉左右看著說：「二手？看來很好哇！馬力也足。」

「是啊！」朋友大笑了起來，「舊車有什麼不好？就好像我太太，前面嫁了個四川人，又嫁了個上海人，還在演藝圈二十多年，大大小小的場面見多了。現在，老了，收了心，沒了以前的嬌氣、浮華氣，卻做得一手四川菜、上海菜，又懂得佈置家。講句實在話，她真正最完美的時候，反而都被我遇上了。」

「你說得真有理，」劉墉說，「別人不說，我真看不出來，她竟然是當年的那位豔星。」

「是啊！」他拍著方向盤，「其實想想我自己，我又完美嗎？我還不是千瘡百孔，有過許多往事、荒唐事！正因為我們都走過了這些，所以兩個人都成熟，都知道讓，都知道忍，這不完美正是一種完美啊！」

最輝煌的人生，也有陰影陪襯。我們的人生劇本不可能完美，但是可以完整。

人生原來就是不圓滿的，能夠認識到這一點，我們便不會去苛求我們的人生，也不會去苛求他人。只有一個懂得接受的人才會更懂得去珍惜。

人的弱點總是與優點相伴而生，雷厲風行的男人可能粗率，文靜的女孩可能不善於交際，體貼的男人可能太過細膩，有主見的女人則多固執。正如蘇東坡希望「鱸魚無骨海棠香」的那種完美，而在現實中恰恰是：鱸魚鮮美卻多骨，海棠嬌媚但無香。

面對人生缺憾，清人李密庵主張所謂「半」的人生哲學，日本有一派禪宗書道在揮毫潑墨時總留下幾處敗筆，都是旨在暗示人生沒有百分之百的圓滿完美。更有日本東照宮的設計者因為自覺太完美，恐怕會遭天譴，故意把其中一支樑柱的雕花顛倒。

「月盈則虧，水滿則溢」，完美狀態也是可怕的。這世界上的事物不僅相輔相成，也相反相成。人的運氣若是太好，另一種概率就會在負極聚集，所謂物極必反、樂極生悲，故智者「求缺」。

人生缺憾的必然性要求我們學會放棄。為了那些不能放棄的生命中重要的事情，我們必須放棄那些生命之外可以放棄的東西。是的，完美的人生不是擁有一切，而是在人生的不完美與不圓滿中學會去珍惜所擁有的，並且去寬容人生的不完美或者不圓滿。所以，如果願意，轉個念頭，我們也可以讚歎星空燦爛的當下，換來如意人生，並且去接受世間種種的不完美與不圓滿。

如果你不能接受生命的不完美，你也就沒有資格獲得完美的人生。因為「完美」本身就包含缺陷、錯誤、否定、失敗等這些不完美的字眼。只有接受生命的不完美，為生命能繼續運轉而心存感激，才能成就「完美」的生活。

生活中無完美，也不需要完美。我們只有在鮮花凋謝的缺憾裡，才會更加珍視花朵盛開時的溫馨美麗；也只有在泥濘的人生路上，才能留下我們生命坎坷的足跡。

05 以出世的精神，做入世的事業

佛法並不是普通人看得到的。這個佛法雖然是出世間，但它還有一部分是入世間，並不是常常枯燥無味。枯燥的生活不是真正的佛法生活。真正的佛法生活是既出世而又入世，既入世而出世的。這個才是佛法的雙行。

——弘一大師

朱光潛先生曾用一句話評價弘一大師，即：「以出世之精神，做入世之事業。」因為他出世並非不問世事。如在抗戰期間，他鮮明地提出了「念佛不忘救國，救國不忘念佛」的主張。所以，他出世並非厭世，也非逃避，只是對詩意棲居人生境地的一種追求而已。難怪張愛玲會感歎：「不要認為我是個高傲的人，我從來不是的——至少，在弘一大師寺院的圍牆的外面，我是如此的謙卑。」

出世，是為了達到「無我」的境界，能無障礙地做入世的事業。《省心錄》說：「必出世者，方能入世，不則世緣易墮；必入世者，方能出世，不則空趣難持。」南懷瑾在《宗鏡錄略講》裡說，出世和入世是佛法大乘的精神道理所在，要想出世，必須曾深入世間，透徹人情世故，洞悉世間理法，然後才能談出世，修煉跳出世間困擾的出離心；入世，往小裡說是要創造事業，往大裡說就要濟世救人。沒有出世的真精神、真心性，就談入世的聖人事業，容易被世間因緣牽引墮落。

南懷瑾在《狂言十二辭》中以亦莊亦諧的筆調說：「以亦仙亦佛之才，處半鬼半人之世。治不古不今之學，當談玄實用之間。具俠義宿儒之行，入無賴學者之林。挾王霸縱橫之術，居乞士隱淪之位。譽之則尊如菩薩，毀之則貶為蟊賊。書空咄咄悲人我，弭劫無方喚奈何。」

弘一大師主張要從出世以後再回到入世，「看破紅塵」以後再回到紅塵，經過一次昇華而達到返璞歸真，如此才會「以出世精神，做入世事業」。為此，他十分崇拜具有這種境界的高人——王安石，因為他努力救世，不計得失，進退疾徐，從容無比，是具有真佛心的特立獨行者、大丈夫。

據曇昕法師回憶：「在大師後期有一個年輕人叫李芳遠常和大師接近，但由於他年輕不懂事，不知大師的為人。當時就是因一時口快，差點兒惹出事來。事因乃當時大師正到處宣揚佛法，這個李芳遠居士就寫了幾封長信給弘一大師，指責大師的不是，說大師不過是個應赴僧，和其他普普通通的僧侶一般罷了。大師看完他的信之後，長歎一聲對我說：『芳遠居士不瞭解我，他也不瞭解佛法是什麼。請你幫我寫一封信告訴他：他的意見是很好的，但在這個動亂的時期，我們應當多多去弘揚佛法。』」

「弘一大師曾要我轉告他：『佛法並不是普通人看得到的。這個佛法雖然是出世間，但它還有一部分是入世間，並不是常常枯燥無味。枯燥的生活不是真正的佛法生活。真正的佛法生活是既出世而又入世，既入世而出世的。這個才是佛法的雙行。』據我自己想，當年大師的意思是指李居士沒有體諒到當時的苦難人們，不知道他自己的心情，同時也不解佛法的真義。」

二〇〇五年九月，李敖來到北京法源寺參觀，有記者問李敖：「出世和入世相比較，你更喜歡哪一個？」李敖沒有正面回答，而是很巧妙地說：「能入世才能出世，反過來也一樣。」李敖的意思是，如果一個人不能入世，不經過入世的種種，就不能真正體會到人生的百態，既然沒有入世，也就談不上出世。同樣，能出世的人，自然已經達到了一個人生境界的高度，自然不會受出塵世的干擾了。如果一個人不能達到既能出世、又能入世，那麼，也只能說，他還「在世」，並沒有達到出世的境界。

如果一個人只管自己「念經吃齋」，不管世人的苦難，那只能說，他是個自私的人，這樣的人，缺少博愛的胸懷，根本不是什麼「出世」。「出世」是為了更好地「入世」，「入世」又是為了更好地「出世」。以「出世」的心態做人，以「入世」的心態做事。而世人，因為不能夠出世，缺乏出世的眼光，看不透世間風雲，在紅塵中掙扎，不得超脫，又談什麼入世呢？只能說是在塵世中浮沉罷了。

06 追著別人的幸福跑，你永遠不會幸福

人只有明明白白地認識自己，知道自己的位置，知道自己喜歡做什麼，知道自己人生本來的樣子，才能夠真正獲得幸福。

弘一大師有一次到泉州承天寺與好友性願法師相聚談法。當時正值抗戰之時，有一位省府參議廳的官員聞訊來到了寺裡，他是受參議廳之托來邀請大師出山參政的，而且許諾只要大師出山，立即會委以重任。面對如此送上門來的好事，弘一大師是這樣回答的：「老僧一心向佛，已不宜參與國事，何況國土破碎、日寇入侵。和尚乃以勸善為己任，對於日寇在國土上犯下的滔天罪行，靠一個老和尚有何作用，請居士不妨到別的廟裡看看。」就這樣，弘一大師婉言謝絕了這位政府大員的盛情之邀。

弘一大師前半生富貴榮華，但他毅然放下這一切，成為一名苦行僧人。因為他知道自己這一生最想要的是什麼，最想做的是什麼事。所以，在我們看來，對弘一大師放著好日子不過的出家行為很是不理解。但其實，大師自己是很明白的，自己這樣子是很幸福的。

在這個世界上，每個人都是獨一無二的。我們不必按著別人的標準去決定自己該做什麼、不該做什麼，或者因外在的評價和壓力而使自己的情緒受到干擾、意志被動搖。一個有主見的人，知道哪個是真正的自己，哪個自己是真正幸福的。一旦看清了自己，就沒有任何人、任何事可以影響到我們。

河的南岸住著一個和尚，河的北岸住著一個農夫。和尚每天看農夫日出而作，日落而息，生活很有意思，不像自己這樣每天除了敲鐘就是念經，令他非常羨慕；而農夫呢，看到和尚每天都是無憂無慮地誦經、敲鐘，不用像自己這樣面朝黃土背朝天，令他非常嚮往。

如果能夠換一下位置，過一過那樣的生活，該有多好。

有一天，他們在橋上相遇，互相訴說了自己對對方的羨慕之情，於是，二人決定互換身份，農夫變成和尚，而和尚則變成農夫。於是，農夫來到廟裡念經，和尚來到農夫家裡種地。

可是，沒幾天農夫就發現，其實和尚的日子一點兒也不好過。那種敲鐘、誦經的工作，看起來很悠閒，事實上每天重複著單調而瑣碎的步驟，既枯燥又乏味，於是，他開始懷念當農夫的生活。種田雖然辛苦，但是每天都有收穫，還能和其他農夫一起唱歌聊天。更重要的是，家裡還有妻子兒女，雖然不免吵吵鬧鬧，但樂趣無窮。他異常懷念當農夫時的快樂時光。

而做了農夫的和尚，重返塵世後，痛苦比農夫還要多，面對俗世的煩擾、辛勞與困惑，他非常懷念當和尚的日子。當和尚雖然枯燥，但清心寡欲，沒有那麼多煩惱。敲完了鐘、念完了經，吹吹風、賞賞月，人生自有一番清雅樂趣。於是，他每天坐在岸邊，羨慕地看著對岸步履緩慢的師兄弟，靜靜地聆聽彼岸傳來的誦經聲。

這時，他們才明白，從前的日子才是最適合自己的。於是，他們又換回了屬於自己的身份。這時候，和尚看農夫，覺得別人的日子雖然有滋有味，但吵吵鬧鬧的，哪像自己這樣悠閒自在；農夫看和尚，雖然悠閒自在，但枯燥乏味，哪像自己這般有滋有味。

每個人都有自己的生活方式，你也許羨慕別人的生活比你快樂，也許認為別人的日子過得比你有趣，然而，別人的生活再好、再有趣，未必就適合你。

生活中，我們在選擇專業、工作、生活方式的時候都會面對這樣一個問題——什麼是最好的呢？

這個世界上根本就沒有最好的，只要最適合你的，找到適合你的，就是找到了最好的。適合自己的生活才是最幸福的。

一個人很苦惱地向一位智者請教：「幾十年來，我一直在追求真正的幸福，我非常地努力，可為什麼我得到的永遠都是痛苦呢？」

「你是怎樣追求幸福的呢？」智者問。

「年輕時，我住在一個小鎮上，我努力讓自己成為小鎮上最幸福的人；後來，我搬到了一個小城，我努力讓自己成為小城裡最幸福的人；再後來，我移居到大都市，我又努力讓自己成為這個都市里最幸福的人。我一直在追求著幸福，可是幸福就像天邊的雲彩，總是離我那麼遠。」中年人愁眉苦臉地說。

「你並沒有在追求幸福，又怎麼會幸福呢？」

「我一直在追求世上最好的幸福，你怎麼能這麼說呢？」

「你追求的只是『比別人幸福』，而不是在追求屬你自己的幸福！」智者說。

在這個世界上，永遠有別人比我們更幸福，當我們總是追求「最幸福」時，便永遠無法得到幸福，所以我們便會在煩惱、嫉妒、焦慮和不安的折磨中，產生了一種深深的痛苦。事實上，幸福不是同別人比出來的，而是自己感覺出來的。

印度哲學大師奧修說過：「玫瑰就是玫瑰，蓮花就是蓮花，只要去看，不要比較。」的確，別人的優秀和出色，固然可以為我們所借鑒，但自己就是自己，一定要保持自己的本色。

作家勞倫斯・彼德曾經這樣評價一些著名歌手：「為什麼許多名噪一時的歌手最後以悲劇結束一生?究其原因，就是因為，在舞台上他們永遠需要觀眾的掌聲來肯定自己。但是由於他們從來不曾聽到過自己的掌聲，所以一旦下台，進入自己的臥室時，便會覺得特別淒涼，覺得聽眾把自己拋棄了。」

我們常常在意自己在別人的眼裡究竟是什麼樣的形象，為了給他人留下一個比較好的印象，我們總是揣測別人對自己的看法，儘量讓自己符合別人喜歡的那個自己的形象。其實，一個人是否成功，並不在於自己比他人優秀多少，而在於他在精神上能否得到幸福和滿足。所以，淡定的人，永遠不會在乎別人怎樣評價自己，是得是失、是癡是愚、是成是敗，這些都不能成為干擾我們幸福的因素。

贏又如何，輸又如何，我只做我自己，過我自己的日子，我的幸福與任何人無關，只與我自己的心有關。

人生沒什麼不可放下：弘一大師的人生智慧

作　　者　弘一法師　原典
　　　　　宋默　整理

總 編 輯　陳郁馨
副總編輯　李欣蓉
主　　編　李欣蓉
行銷企畫　童敏瑋
社　　長　郭重興
發行人兼出版總監　曾大福
出　　版　木馬文化事業股份有限公司
發　　行　遠足文化事業股份有限公司
地　　址　231新北市新店區民權路108-3號8樓
電　　話　(02)22181417
傳　　真　(02)8667-1891
　　　　　Email: service@bookrep.com.tw
郵撥帳號　19588272木馬文化事業股份有限公司
客服專線　0800221029
法律顧問　華洋國際專利商標事務所　蘇文生律師
印　　刷　成陽印刷股份有限公司
初　　版　2016年09月
定　　價　360元
二　　刷　2016年09月10日

國家圖書館出版品預行編目(CIP)資料

人生沒什麼不可放下：弘一大師的人生智慧 / 弘一法師原典作 ; 宋默整理. -- 初版. -- 新北市 : 木馬文化出版 : 遠足文化發行, 2016.09
　面；　公分
ISBN 978-986-359-296-9(平裝)

1.佛教修持2.生活指導

225.87　　　　　　105015447